中国出版传媒企业并购研究

华宇虹 等著

知识产权出版社

全国百佳图书出版单位

——北京——

图书在版编目（CIP）数据

中国出版传媒企业并购研究／华宇虹等著 . —北京：知识产权出版社，2021.9
ISBN 978-7-5130-4697-8

Ⅰ . ①中… Ⅱ . ①华… Ⅲ . ①出版业—企业兼并—研究—中国 Ⅳ . ① G239.2

中国版本图书馆 CIP 数据核字（2021）第 096467 号

内容提要

本书研究了国内外企业并购绩效及风险、并购的理论基础和评价方法、出版传媒企业并购动因及特征，对出版传媒上市公司并购绩效评价和并购案例进行了实证研究，提出了针对出版传媒企业的并购风险评估与控制策略。

本书可供新闻、出版、传媒从业者等查阅参考。

责任编辑：李 娟　　　　　　　　　责任印制：孙婷婷

中国出版传媒企业并购研究
ZHONGGUO CHUBAN CHUANMEI QIYE BINGGOU YANJIU
华宇虹 等著

出版发行：知识产权出版社 有限责任公司	网　　址：http：//www.ipph.cn
电　　话：010-82004826	http：//www.laichushu.com
社　　址：北京市海淀区气象路 50 号院	邮　　编：100081
责编电话：010-82000860 转 8363	责编邮箱：laichushu@cnipr.com
发行电话：010-82000860 转 8101	发行传真：010-82000893
印　　刷：北京中献拓方科技发展有限公司	经　　销：各大网上书店、新华书店及相关专业书店
开　　本：787mm×1000mm　1/16	印　　张：14.25
版　　次：2021 年 9 月第 1 版	印　　次：2021 年 9 月第 1 次印刷
字　　数：200 千字	定　　价：68.00 元

ISBN 978-7-5130-4697-8

目　录

第 1 章　国内外企业并购相关研究概述

1.1　国内外并购绩效研究文献综述

1.1.1　国外并购绩效相关研究综述

国外并购市场和并购环境成熟，相关学者的理论内容十分丰富，并且在长期的探索和论证中形成了一系列完善的理论框架和理论体系。国外学者对于并购价值创造的研究，关注点主要在"并购能否创造价值"和"并购如何创造价值"这两个方面。

1.1.1.1　并购能否创造价值

雷文斯克罗夫特（Ravenscraft）和谢勒（Scherer）（1987）选取了在1950—1977 年的 471 家公司作为研究样本，采用实证的方式对这些企业的经营业绩进行了深入研究和仔细比对 [1]，研究发现，企业在经营业绩不佳、无法通过自身经营实现整体利润提升的情况下，会选择并购的方式来避免企业财产遭受更大的损失。

阿格拉瓦尔（Agrawal）、贾菲（Jaffe）和曼德尔克（Mandelker）（1992）选取了发生在美国的 937 起并购案例和 227 起要约收购案例作为研究对象，研究发现，作为研究样本的这些企业并没有通过实施并购活动而使其业绩得到有效地提升，反而是随着并购过程的逐步深入，企业利润开始出现下滑，出现了不升反降的情况，并且在并购发生的 5 年内，股东的资产容易出现亏损。[2]

布鲁纳（Bruner）（2002）主要是对企业并购和重组方面相关的 130 篇文献进行了深入研究和总结，研究发现，并购结构会对并购行为产生非常显著的影响，这种影响同时作用于并购方和被并购方，其中并购方的超常收益为负值，而被并购方的超常收益为正值，因此得出在并购活动中大多数被并购企业是获益的结论。[3]

格拉夫顿（Grafton）、莉莉丝（Lillis）和怀德纳（Widener）（2010）探讨了相关绩效信息对组织绩效结果的影响。研究发现，绩效评估方案必须能够反映当前绩效衡量系统中的财务绩效指标和非财务绩效指标，以此鼓励管理人员使用这些指标来有效地管理绩效。[4]

阿布佐夫（Abuzov）和格里戈里耶娃（Grigorieva）（2015）以 2000—2011 年西欧发达资本市场的 153 起并购交易案例作为研究对象，利用经济利润模型进行细致研究，得到结论认为合并后的企业的并购绩效有所提高。[5]

格里戈里耶娃和彼得罗妮娜（Petrunina）（2015）选取了发生在 2003—2009 年来自新兴资本市场的公司发起的 80 次交易作为研究样本，通过将应用经济效益模型所得出的新兴资本市场并购交易结果与传统的会计研究结果进行仔细比较和长期分析，研究发现，在收购前后，绩效指标之间存在行业调整差异。[6]

1.1.2　国内并购绩效相关研究综述

与国外相比，国内的相关研究起步时间相对较晚，整体的研究深度和研究角度也稍逊于国外研究，但是随着国内资本市场对于并购关注度的提升，国内学者们关于并购绩效及并购绩效影响因素的研究成果已十分丰富。

张翼、乔元波和何小锋（2015）以 2003—2008 年沪、深股市发生并购事件的上市公司为研究样本，采用因子分析法对中国上市公司并购事件发生前三年、并购后五年的经营业绩水平做了分析，其研究结果表明：关联方交易使收购公司并购后长期绩效得以改善，目标公司并购前财务风险越大对收购公司并购后长期绩效有加剧恶化的作用。同时，目标公司并购前的固定资产盈利能力和主营业务水平对收购公司并购后绩效均有显著影响。[7]

刘焰（2017）以沪深两市发生混合并购的上市公司为对象，分析样本企业所在的行业生命周期与企业生命周期处于不同组合状态时，混合并购绩效的差异，以探寻适合混合并购发生的外在条件与内在时机。其研究发现：企业处于"行业衰退—企业衰退"生命周期组合状态时，混合并购后绩效得到显著改善；而无论行业生命周期处于何种阶段，成长期企业实施混合并购均不利于绩效改善。[8]

郭建峰、樊云和王丹等人（2017）以 2011—2015 年 49 家上市公司为研究对象，采用因子分析法实证分析了上市公司横向并购前后两年资本运营绩效。其结果表明：上市公司横向并购资本运行绩效总体呈现下降趋势，尚未达到预期目的。[9]

　　程聪、钟慧慧和钱加红（2018）采用 Meta 技术方法，对 1985—2013 年发表的 48 项企业并购研究文献中的 53 个效应值进行归纳性分析。发现企业并购绩效评价方式差异会导致企业并购效益的不同，其中，采用 ROA 评价方式所获得的企业并购绩效最好，采用 CAR 和 AR 评价方式次之，而采用 BHAR 评价方式所获得的企业并购绩效最消极。此外，企业并购活动是否国际化、企业并购评价主体及并购活动所在行业关联性将对不同并购绩效评价方式下的企业并购绩效起到显著的调节作用。[10]

　　黄生权和张思雯（2018）以 2012 年发生并购的政治关联民营上市公司作为样本，采用多元线性回归的方法研究了样本公司从 2012—2016 年政治关联对民营上市公司并购绩效的影响情况及地区的市场化程度如何调节两者之间的关系。他们的研究发现，政治关联对民营上市公司的并购绩效有正向促进作用，政治关联程度越高，并购后绩效提升越显著；地区的市场化程度在政治关联与民营上市公司并购绩效之间起到正向调节作用；市场化程度高或低的地区都会给政治关联的民营企业并购绩效带来正面效应，但显然在低市场化程度地区的政治影响力更大，政治关联与并购绩效也呈显著正相关。[11]

　　杨懿丁（2018）以 2014 年度沪、深 A 股市场发生扩张并购的上市公司作为样本，分析了发起并购事件的上市公司 2013 年高管持股情况、2014—2016 年公司财务状况及其他经营指标的变动，运用事件研究法研究高管持股、多元化战略和公司长期并购绩效之间的关系。其研究结果表明，高管持股比例与企业长期并购绩效呈非线性关系，公司多元化战略与长期并购绩效显著负相关；公司多元化战略对高管持股和并购绩效有负向调节作用。[12]

1.1.3　文献评述

通过文献梳理可以看到，国外学者们对企业并购绩效研究的时间要早于国内，形成了大量的研究成果。国内学者们的研究虽然起步较晚，但成果也已相当丰富。虽然目前关于并购绩效的研究成果很多，但是进一步研究的方向及研究空间巨大：目前的研究成果在行业分类上并不细致，没有针对不同的行业特点进行深入考虑；现有的研究角度多是从微观视角出发，而涉及宏观角度的研究十分缺乏；在并购绩效研究中对短期绩效评价和长期绩效评价的关注程度不同，同时对并购活动的协同效应和并购后综合绩效管理缺乏系统性研究；目前来看，无论是事件研究法还是经营业绩研究法都不够客观、全面，有待进一步探索和研究。

1.2　国内外并购风险研究文献综述

1.2.1　国外并购风险相关研究综述

罗伊特（Reuter）（2004）通过研究表明，缺乏并购经验的企业在进行并购时，大多选择或有支付的方式来减小并购财务风险。[13]

温迪特（Wendt）、蒂伦（Tillen）和莫耶（Moyer）（2010）等将并购失败的主要因素归结于在并购前没有做好必要的信息调查，以及信息不对称造成的并购风险，如企业隐瞒的贷款、罚款及可能引起的诉讼事项。[14]

詹姆斯（James）、贝德福特（Bedford）和埃勒（Ehler）（2011）认为，并

购成败取决于战略的合理性、决策者的尽职度，因此为了提高并购的成功率，有必要成立一支具有专业性的管理团队。[15]

果波多（Gobodo）（2011）指出，企业在并购中不可避免地要面临风险，如何最大限度地规避风险是重中之重。对并购企业中掌握核心技术与具有管理能力的人力资源进行有效整合管理，对企业的可持续发展至关重要。因此，企业需要在并购中重视对企业文化和人力资源的整合。[16]

阿尔伯特·巴纳雷斯坦诺（Albert Banalestanol）（2011）认为，企业在并购过程中，实现"协同效应"是决定并购成败比较重要的影响因素。虽然并购双方通过并购合为一个整体，但是在后期仍然存在博弈，如果不能发挥"协同效应"，则会造成企业利益的流失。[17]

尼丁·瓦齐拉尼（Nitin Vazirani）（2012）通过对现有的并购理论进行研究和总结，认为并购中的财务指标可以用来评判并购的成败。经济学家和金融学家主要是在会计计量的基础上进行衡量，而研究机构往往把重点放在资源与人力资源所产生的"协同效应"来判别。[18]

1.2.2 国内并购风险相关研究综述

杨道广（2014）通过对2008—2009年并购成功的上市公司数据进行整理研究，分析得出：企业内部控制越完善，并购整合风险越低，两者呈正相关关系，提出通过内控管理来减小企业并购风险。[19]

王永綦（2015）通过对企业并购风险特征进行分析，引入信息熵权法修正权重，构建了包括宏观风险和微观风险在内的并购风险评价体系，并采用因子分析法与熵权法相结合的方法赋权，以此来得到并购风险评价结果。[20]

宋霞（2017）以 2002—2015 年 A 股上市公司为研究样本，构建并购活动中的目标企业和收购方企业匹配数据集，研究并购活动发生后目标企业税务规避行为对收购方企业绩效的影响。研究发现，目标企业的税务规避行为显著降低了并购绩效，这种税务规避的负面价值效应对非国有企业并购方具有更强的影响。[21]

张文珂、张芳芳和刘淑莲（2017）分析了信息风险的不同构成成分在市场资源配置中的作用。其研究结果表明，基本面信息风险的不利影响导致企业在市场资源配置中处于被整合的地位，该结果有助于解释会计信息质量较低的企业没有被市场所排斥的现象。[22]

郭建全、陈娟和王疆（2017）从并购经验、政治风险因素出发，对 2002—2016 年间 1448 起企业进行跨国并购时是否选择多元化并购进行实证检验。实证研究发现，企业的并购经验越多，其在并购时更倾向于多元化并购。同时，东道国政治风险是影响并购双方行业一致性的重要因素，政治风险越高，并购时也更倾向于多元化并购。[23]

曾春华、章翔和胡国柳（2017）从微观角度对 2008—2013 年有过并购交易的 A 股上市公司进行分析，观察企业高溢价并购对股价崩盘风险的影响，并在"代理冲突"与"管理者过度自信"层面分析其内在的作用机理，发现企业高溢价并购与股价未来的崩盘风险存在着显著正相关性，导致两者存在正相关性的主要缘由为管理者过度自信而非股东与经理人之间的代理冲突，高管过度自信的分析结论更具有解释力。[24]

王玉红和曲波（2018）通过视觉中国集团借壳远东股份的案例，阐释上市公司并购各阶段面临的借壳风险、估值定价风险、融资与支付财务风险和财务整合风险等，并有针对性地提出防范和规避财务风险的应对策略。[25]

1.2.3　文献评述

综上所述，通过对国内外文献进行梳理，可以看出国内外学者对并购风险影响因素主要是从并购的阶段和方向来分析的：分析了并购前、并购中、并购后各个阶段的风险及横向并购和纵向并购的风险；对并购风险的评价大多基于因子分析法、模糊综合评价法、层次分析法及对模型的修正等方法来进行评价。也有一些学者对风险管理做出了研究，提出了企业在风险应对方面的一些看法，内容全面而具体。目前针对传媒业行业并购风险进行综合分析评价的文献较少。

第 2 章　并购的理论基础及评价方法

2.1　并购的理论基础

2.1.1　并购的动因理论

2.1.1.1　效率理论

效率理论可简单理解为"协同效应理论"，即所谓"1+1>2"的效益，指的是企业通过并购形成的新企业在行业中的竞争力增强，企业预期收益增加，利润增长，或是指并购以后的新企业的预期经营业绩及企业价值比并购前各自独立经营时要高。效率理论认为，"协同效应"不但能够使企业获得更大的经济利益，而且能够在财务、经营和管理方面对企业起到正向作用，也就是实现企业的财务协同、经营协同和管理协同。

财务协同是指企业通过并购提高了自身的财务能力，扩大了内部资本，使资金结构更加优化，分配更加合理，降低企业的财务风险，合理避税，最终在财务方面给协同公司带来预期收益。经营协同是指企业通过并购在生产、经营、研发等多个环节的效率得到提高，效率提高带来企业经营效益的提升，包括产生的规模经济、优势资源互补、市场份额扩大等。企业通过并购是否实现了经营协同可以通过考察资源互补、规模经济等情况进行反映。管理协同效应又叫作差别效率理论，是指企业通过并购提升了管理水平，同时为企业管理活动的效率带来积极变化，从而实现预期效益。

2.1.1.2 规模经济理论

规模经济理论最早由亚当·斯密（Adam Smith）提出，指的是在某一特定时期，企业将优势资源汇集到一起，达到规模经济，在扩大经营规模的同时降低平均成本和交易费用，实现获利能力的提升。规模经济理论认为，企业通过进行并购活动可以扩大生产规模，实现优势资源的互补使用、生产效率的提高和市场份额的扩大，从而降低交易费用，加大企业核心竞争优势。

2.1.1.3 多元化经营理论

多元化经营理论认为，企业通过并购活动能够实现业务经营的多样化，完善原有产业链布局，分摊经营风险和破产风险，减少企业经营的不确定性，从而保持企业在行业中的竞争力，同时为企业创造出更多的效益。多元化经营在并购领域可以分为相关领域的多元化和非相关领域的多元化。

2.1.2 并购绩效影响因素

绩效的概念，简单理解就是成绩与效益，从管理学角度对绩效进行定义就是结果和成效。在这种定义下，其结果指的是组织所期望的结果，反映的是组织的战略目标及其战略计划的实现程度。其成效指的是在不同的方面，组织为实现其战略目标而呈现出的有效输出，反映的是组织完成任务的有效速率，包括个人绩效和组织绩效两个方面。个人绩效实现是组织绩效实现的必要条件，即个人绩效实现不一定保证组织绩效实现，但是没有个人绩效实现就一定没有组织绩效实现。想要实现组织绩效，就应按照层级关系一层一层落实到个人绩效上，只有个人达到组织要求，组织绩效才能达成。[26]

并购绩效则是为了实现战略目标，组织在进行并购活动中产生的结果和成效的统称。对于企业来讲，并购绩效就是在完成并购活动以后，被并购方企业经过与并购方企业进行有效的并购整合后所实现的并购目的和完成效率程度的情况。可以说，企业的并购绩效实际上就是构建一种突破企业发展"瓶颈"，不断扩大企业规模的机制，具体来说包括两个方面：第一个方面是经营管理战略机制；第二个方面是企业交易战略机制。经营管理战略机制指的是对企业进行更加有效的管理和在经营期间不断保持企业经营效率。第一个方面主要涉及企业内部发展和资本结构优化的问题。企业交易战略机制指的是在复杂多变的市场环境下通过对企业进行有效定位来获得足够的行业竞争力以保证交易的顺利完成。第二个方面主要涉及企业发展规模和对外扩张的问题。

通过上述表述，并购绩效又可以分成两个方面来看：第一个方面是并购交易绩效；第二个方面是并购整合绩效。并购交易绩效说的是参与并购交易的企业是否能够获得市场认可和积极的正向评价。而并购整合绩效说的是在并购活动完成以后，吸收被并购企业的后续并购重组情况和经营期间的企业发展状况，通常来说需要较长时间才能反映出来。

学术界对有关并购绩效影响因素的理论研究很丰富，现有理论将影响企业并购绩效的因素分为宏观影响因素和微观影响因素。

2.1.2.1　并购绩效宏观影响因素

对企业并购绩效的宏观影响因素主要有经济发展状况、资本市场发展水平与利率水平和货币供应量。

（1）经济发展状况。

并购活动的发生与宏观经济增长速度及经营环境的重大变革具有密切的相关性。宏观经济状况决定了并购企业是否能成功发挥并购所带来的效果。从西方学术界对于企业并购的观察和研究发现，在宏观经济处于经济复苏阶段，企业并购行为开始增多；在宏观经济处于经济繁荣阶段，产生企业并购的高潮；在宏观经济处于经济衰退阶段，企业并购较少，并购绩效较差。

（2）资本市场发展水平。

学术界的相关研究表明，资本市场的运行情况是影响企业并购绩效的一个重要的因素。当资本市场规模大、证券交易活动流动性强时，企业的并购需求就会提高。此时的并购行为往往能促进并购企业和目标企业的共同发展，促进企业并购目标的实现。

（3）利率水平和货币供应量。

许多国际并购专家指出，并购金额是融资能力的函数，也就是说，并购金额取决于融资金融及成本，因此在低利率及宽松货币的金融环境下，并购活动容易发生。利率变化会导致资金成本的变化进而影响并购成本，并购成本又会影响并购的效益。

2.1.2.2 并购绩效微观影响因素

影响企业并购绩效的微观因素可归纳为企业费用水平、抵押价值、企业成长性、企业规模、税收节约等方面。

（1）企业费用水平。

在生产经营活动中，企业为实现利润最大化必然会追求费用水平的降低。并购行为产生的"协同效应"会使企业费用水平呈现显著的下降。由于并购"协同效应"的存在，以及企业生产经营费用、管理费用、财务费用的降低，并购绩效有显著的提升。所以从理论上来说，费用水平的降低和并购绩效的增长呈负相关。

（2）抵押价值。

抵押价值高的企业为了规避风险，倾向于通过并购活动降低资产风险，提高要素的配置能力，所以企业的抵押价值和并购绩效之间呈正相关。但是也有理论认为，并购企业往往通过举债筹集并购资金，但并购优势能否发挥出来具有不确定性。银行等金融机构为减少风险所提供的贷款条件很苛刻，故企业资产的抵押价值和并购成本相联系，企业的抵押价值和企业并购绩效之间存在着一种负向关系。现实中，企业的抵押价值和企业并购绩效之间的关系依赖于这两种效应的高低。

（3）企业成长性。

学术界将企业处于不同生命周期阶段对企业并购行为的影响概括为成长性对企业并购行为的影响。企业借助并购实现持续发展，获得更高收益。一般来说，处于成熟期的企业的成长性在降低，资本较为充足，企业可能会借助并购实现再次成长，所以成长性与并购绩效存在正向联系。

（4）企业规模。

企业规模的大小可以代表经理们和投资者之间信息不对称的程度。在并购过程中，规模大的企业不容易出现市场价值扭曲，更能发挥企业并购的规模优势，获取绩效层面的提升。

（5）税收节约。

根据现行税收制度，企业可以通过并购亏损企业实现节税，也可以通过并购低税率的目标企业减轻税负，所以并购前后税负的变化往往会影响并购绩效。

（6）其他因素。

一些学者还对影响企业并购绩效的其他因素进行了研究，主要包括交易态度、并购企业的持股结构、并购行业的相关程度等与并购绩效的关系。

2.1.3　并购风险管理相关概念

风险管理是指通过实施一系列的政策和措施来控制风险，以降低风险的消极影响的决策过程，即对风险实施有效控制来减少损失，而并非消除风险，从而以最小的成本收获最大的安全保障。风险管理的过程十分复杂，一般包括三个步骤：风险识别、风险评价和风险控制。风险识别是风险管理的首要环节，即对企业面临的风险作出判断。企业并购风险识别的主要任务就是系统地归类分析并购前、中、后的风险因素。风险评价是根据企业所产生的风险因素对风险进行评价，分析每个风险因子所占的权重。风险管理最重要的环节就是风险控制，根据风险评价的结果，采取有效的、有针对性的风险应对策略。

并购前战略决策的错误、并购中交易谈判的不确定性及并购后整合管理方式不当都会导致并购企业利益的损失，这就是并购风险。一般来说，并购风险按照成因可以分为并购决策制定风险、企业价值评估风险、外界环境变动风险、支付方式选择风险、资源整合管理风险等；按照主客体来划分可以分为企业内部风险与企业外部风险；按照并购活动的实施阶段来划分，可以分为并购前战略制定风险、并购中交易风险及并购后整合风险。[27]

2.2　评价方法

2.2.1　并购绩效评价方法

并购活动的成功与否，通过回答以下的问题就能够得到客观呈现。例如，并购是否帮助企业突破发展"瓶颈"；并购是否能够实现企业当初的并购初衷；并购是否能够充分发挥预期的"协同效应"；并购是否加快了并购企业的发展速度；并购是否促进并购企业的资源进行有效配置等。这些问题都需要通过对并购绩效进行评价分析来阐释。基于不同评价角度，主要有以下几种并购绩效评价方法。

2.2.1.1　事件研究法

事件研究法又称作 CAR 检验法，指的是企业运用证券市场的数据资料（如股票价格等），通过检验是否存在超额收益率来测定某一特定经济事件对某一期间内公司价值的影响程度。事件研究法历史悠久，最早是在 1993 年由多利（Dolley）创建的，后经鲍尔和布朗（Ball & Brown）将其引入富有创造性的证券市场相关研究中，是并购绩效评估方法中最常见的方法之一。其基本原理是以市场有效（避免出现市场上的信息不对称）同时保证不存在其他因素对企业股价造成波动为基本前提，某一特定经济事件的影响会通过股票价格呈现出来。具体到企业并购上，在基本前提得到保证的条件下，事件研究法将某一次的并购活动作为特定事件，以并购公告作为选定事件的时间区间，也称作窗口期，通过对这一期间内超额收益的观察分析其波动状况，从而得出相应时间区间内企业的股票波动情况。通过前面的文献综述可以知道，国外学者在对企业并购绩效进行评价时较常采用事件研究法。

虽然事件研究法较为常用，但是也存在一定的缺陷。因为在使用事件研究法时需要保证一个前提，即资本市场是完全有效的，但是事实上，无论选择研究时间段是长期的还是短期的，都很难保证资本市场的有效性，尤其是我国还在完善中的资本市场，更是如此。除此之外，不能保证股票的价格是单纯的由于并购才产生的变化，很可能是受到其他利益相关者的影响。而且股票价格是一种预期价格，很可能在并购事件发生以前就产生一定的价格波动。

2.2.1.2　财务指标法

财务指标法指的是以财务数据和财务报表为数据来源，依照事先设定的一系列与财务有关的指标，对某一企业的生产经营情况和财务状况进行总结与评价，用以评判各相关财务指标所达到的程度。就企业并购来说，相比于事件研究法单纯地从股票价格方面进行考虑，财务指标法能够对企业并购活动中的各方面因素进行汇总，进而对企业的并购绩效进行分析和评价。

单纯地使用财务指标法来进行并购绩效评估也存在一定的不足。因为财务指标反映的是企业过去经营成果的数据信息，所以存在一定的滞后性，这一特性是无法避免的。由于所选取的数据主要出自企业发布的财务数据和财务报表，数据的真实性是可能存在问题的，如企业为了达到更好的并购结果而对报表进行粉饰，导致不一定能够准确反映企业客观情况。此外，分析者过多地关注数据的比较，容易造成对经营环境变化的忽略，由此得出的结论分析也是不全面、值得商榷的。

2.2.1.3　案例研究法

案例研究法是由美国哈佛大学法学院最早创建的，主要是以某一典型的并购事件为案例素材，通过具体分析、解剖对该特定案例的绩效评价展开深入的研究。案例研究法的实施主要包括以下步骤：选择案例、收集数据、分析资料和报告总结。案例研究法能够对特定案例直接地进行研究，从而能够得到比较深入和周全的分析与总结。不过，案例研究法也存在一定的局限，针对某一特定并购事件的绩效研究结论不一定代表其他并购事件的绩效情况，但是案例研究法能够使企业并购绩效的研究结论更具有针对性、更具有说服力。同时，通过对案例素材进行全面的、立体的分析，其成功的并购经验可为其他同行业的企业在并购过程中提供借鉴与帮助，借"成功经验"观"自身问题"，从而能够在企业并购过程中及时弥补缺陷和不足。案例研究法虽然优点多，但是也存在一定的缺陷，即不具备普遍的适用性。对于不同行业、不同类型、不同企业之间的并购，要根据并购的实际情况来具体考察，这也使该方法的适用范围受限。此外，案例研究法在数据选择上没有一套标准化程序，可能存在一定的随意性和主观性，对于评价造成结果上的偏差。

2.2.1.4　其他研究法

除了上述介绍的并购绩效研究方法外，还有因子分析法、诊断法、经济增加值（EVA）评价法等。事实上，每种方法都有自己的优缺点，没有哪一种研究方法可以解决所有的问题，应该针对面临的具体问题选择研究方法。从研究结论上看，由于各种方法研究的角度不同，选取的时间区间也不同等原因，最终的研究结果不同。为了使相关并购绩效研究更加具有说服力，应该对研究角度进行调整，并且对并购企业的发展环境进行考虑，使并购绩效评价研究迈上一个更高的新台阶。

2.2.2　并购风险评价方法

企业并购过程中涉及的风险因素非常复杂，涉及并购企业、目标企业及外部力量，并购双方的信息不对称、对目标企业价值评估不准确、外部政策环境变化等都会导致企业的损失。有效的风险评价方法有很多，但如何选取适合企业跨行业并购风险评价的方法不是一件容易的事，企业应根据并购具体情况，针对不同的风险采用适当的方法进行评价。常用的风险评价方法有模糊综合评价法、蒙特卡罗模拟法。

风险识别是风险管理的首要环节。对于企业并购风险的识别，其主要任务就是系统地归类分析并购前、并购中和并购后的风险因素。在分析识别的过程中，我们借助风险的来源对其进行分类，这就是识别技术。采用恰当的风险识别技术，是全面识别风险、合理评价风险和正确把控风险的有效保障。风险识别方法很多，常见的方法有财务表格分析法、生产流程分析法和专家意见法[28]。

风险评价方法还可分为定性分析法和定量分析法。定性分析法主要通过对文献等的分析研究，在逻辑上借助理论进行风险分析。而定量分析法主要依靠数字来进行说明，将一个问题的各个环节通过建立数学模型，运用一系列概率、

比重来呈现研究结果。这两种方法在风险评价中都起到重要作用，合理地综合利用两种方法可以使整个风险管理方案更加切合实际。❶

2.2.3　企业估值方法

在企业的并购过程中，主并企业会对目标企业的资产进行评估来决定收购价格。所以，对目标企业资产的价值评估工作就显得尤为重要。目前并购市场的主要价值评估方法有市场法、成本法和收益法，选择不同的评估方法对企业的价值估价存在较大差异。在企业并购的价值评估上，需要对目标企业的性质、业务类型、资产属性等加以考虑区分，选择最合适的评估方法。

（1）市场法。

市场法的估值方式，一定要在评估的初期找到一个与被并购企业相似的企业并购案例，进行对比分析，根据案例中企业的并购交易价格、财务指标、资产负债状况、股东权益等进行对比和评估，最终确定对目标企业的并购交易价格。但是市场法有很大的局限性。因为每个企业的特征、资产状况、市场规模、业务内容都不尽相同，各有差异，要找到一个与目标企业完全类似的企业非常困难，所以选择市场法对企业价值进行评估很难反映出企业的真实资产价值。

（2）收益法。

收益法是通过收益额、收益年限和折现率这三个参数，将被评估企业的资产预期价值折算成现值来确定资产评估价值。估值时通常会用现金流量和利润

---

❶　参见 2004 年中国系统工程学会全面建设小康社会和系统工程会议会议录，刘艳琼、沈永平、陈英武的《风险评估理论方法及国内外研究现状述评》。

作为收益的指标。通过对目标企业的生命周期、竞争能力、盈利能力、市场状况、财务状况等状况，结合外部大环境，如宏观经济态势、行业发展趋势、劳动力市场等企业的内外部环境综合分析来确定企业的未来收益，这种方法也是应用最为广泛的一种。

（3）成本法。

成本法指在对目标企业资产的评估时，按照重置成本扣除各项资产损耗来确定资产价值的方法。在并购过程中，对收购的资产进行清查并重新估值，再用重置后的成本减去损耗，最后将各项资产的价值进行汇总，从而得出总资产的价值。对被收购企业的负债也要进行重新清查和评估，用总资产的评估价值减去负债即为目标企业的价值。成本法对并购企业的评估需要进行实地清查，计算各种损耗与贬值，工作量较大。

第 3 章　出版传媒企业
并购动因及特征

3.1　出版传媒企业并购的宏观背景

《新闻出版广播影视"十三五"发展规划》中指出,"十二五"时期,新闻
出版广播影视紧紧围绕党和国家工作大局,深入贯彻落实党中央、国务院各项
决策部署,深化改革,创新发展,转型升级,取得显著成就:新闻宣传深入创新,
舆论引导能力不断增强;内容创作生产持续繁荣,精品力作不断涌现;体制机
制改革稳步推进,内部活力和运行效率大幅提升;产业发展迅速,整体实力明
显提升;科技创新步伐加快,数字化水平大幅提高。然而,我国新闻出版广播
影视发展仍存在一些薄弱环节和问题:在传统媒体和新兴媒体融合发展方面,
虽然传统媒体的新兴媒体业务发展势头迅猛,但所占比重不高,传统媒体转型
升级任务较重,还没有从相"加"迈向相"融",同时网络舆论引导能力和实际
效果有待提升;在产业发展方面,束缚新闻出版广播影视产业发展的体制机制

性障碍尚未彻底消除，成熟的市场主体、完善的现代企业制度、健全的现代市场体系还处于建设之中，产业竞争力不强，规模化、集约化水平不高，对文化信息消费和国民经济的拉动作用尚未充分显现；在科技创新方面，网络化、融合化和智能化水平不高，推动新闻出版广播影视技术与新一代信息技术的融合发展，实现全业务、全流程、全网络从数字化向智能化的战略转型任务依然艰巨；在国际传播能力建设方面，我国传媒机构的整体实力和竞争力与世界知名传媒企业还存在较大差距，生产世界级、划时代内容产品的能力还较欠缺，海外传播力和影响力有待进一步提高，传播效果有待进一步提升，与我国文化资源大国形象和日益提高的国际地位还不相称。

基于我国新闻出版业资源配置的历史和现实，在新闻出版业"十二五"时期发展规划中，曾明确提出要进一步培育新闻出版骨干企业，鼓励有条件的新闻出版企业跨区域、跨行业、跨所有制经营和重组，推动新闻出版资源适度向优势企业集中。随着新闻出版企业市场主体地位的逐步确立，特别是经过集团化改造、上市之后，新闻出版企业间的并购重组逐步活跃，并购重组逐渐成为我国新闻出版企业快速成长的捷径。"十三五"时期是我国全面建成小康社会决胜阶段，也是推动我国由新闻出版广播影视大国向新闻出版广播影视强国迈进的关键时期。为了加快促进新闻出版广播影视的繁荣发展，并购仍将在其中发挥重要作用。

作为一种重要的经济行为，并购在优化企业存量资产配置、提高资产使用效率、增强企业竞争实力等方面作用突出，已经成为助推企业成长的一种重要且普遍的方式。诺贝尔经济学奖获得者乔治·斯蒂格勒对此有过精辟的描述："一个企业通过兼并其竞争对手的途径成为巨型企业是现代经济史上的一个突出现象。""没有一个美国大公司不是通过某种程度、某种方式的兼并而成长起来，几乎没有一家大公司主要是靠内部扩张成长起来。"纵观时代华纳、迪士尼、贝塔斯曼等重要媒体集团的成长轨迹，可以清楚地发现，其通过并购获取所需资源，整合产业链，提升竞争优势，从而不断调整企业边界至最优状态。

在媒体融合的背景下，通过并购获取外部资源，并进行战略、组织、业务、人员、文化等方面的整合，从而实现市场化方式的成长已成为出版传媒企业的重要成长路径。从出版传媒上市公司的年报中我们可以看到，通过并购整合，出版传媒上市公司的竞争优势得以巩固和提升。但是从对文化传媒上市公司 2011—2017 年并购交易案例的分析和总结中可以发现，并购前的决策风险时有发生，并购中的估价、并购后的整合都颇具难度，这将会导致并购达不到预期目标，使出版传媒企业期望通过并购获取战略资源、进入新领域的努力受挫。从出版传媒企业近年的并购表现来看，其并购活动更多地与其发展战略密切配合，已逐步从横向并购向纵向并购以及混合并购方向发展，在可以预见的未来，战略性大型并购在新闻出版企业并购中的比例将逐渐上升。

3.2　出版传媒企业并购动因

3.2.1　宏观因素

出版传媒企业的快速发展，以及越来越多的并购行为与宏观环境的利好、产业化进程加快及企业竞争愈发激烈，密不可分。

3.2.1.1　国家政策推动

从国家层面来讲，我国出台了一系列的政策措施大力支持出版传媒行业发展，鼓励企业做大做强。正是在这一背景下，中国出版传媒企业从一开始只有几家上市公司发展到如今几十家上市公司。我国对出版传媒企业准入限制曾十分严格，出版传媒行业国企占大多数，民营出版传媒企业数量少。这与人民群众对优秀精神文化产品需求量迅猛递增的现实十分矛盾。在这一背景下，国家将出版传媒行业推向市场，向民营资本开放，将出版传媒行业的国企推到市场竞争中去。近年来，国家出台了许多文化扶持政策，详见表3-1。

表 3-1　相关文化扶持政策

出台时间	相关政策	相关内容
2009 年 7 月	《文化产业振兴规划》	重点加快发展文化创意产业、文艺演出院线、网络广播影视、移动多媒体广播电视等领域。降低准入门槛，吸收社会资本和外资进入文化行业。同时，推动跨地区、跨行业联合或重组，培育骨干文化企业。落实鼓励和支持文化产品与服务出口的政策，扩大对外文化贸易机会
2010 年 4 月	《关于金融支持文化产业振兴和发展繁荣的指导意见》	积极开发适合文化产业特点的信贷产品，加大有效的信贷投放；完善授信模式，加强和改进对文化产业的金融服务；发展多层次资本市场，扩大文化企业的直接融资规模；积极培育和发展文化产业保险市场；建立健全有利于金融支持文化产业发展的配套机制等
2011 年 10 月	《中共中央关于深化文化体制改革推动社会主义文化大发展大繁荣若干重大问题的决定》	在重点领域实施一批重大项目，推进文化产业结构调整，发展壮大出版发行、影视制作、印刷、广告、演艺、娱乐、会展等传统文化产业，加快发展文化创意、数字出版、移动多媒体、动漫游戏等新兴文化产业。鼓励有实力的文化企业跨地区、跨行业、跨所有制兼并重组，培育文化产业领域战略投资者
2014 年 3 月	《关于加快发展对外文化贸易的意见》	强调了坚持"统筹发展、政策引导、企业主体、市场运作"的基本原则，培育具有国际竞争力的外向型文化企业，形成具有核心竞争力的文化产品，打造具有国际影响力的文化品牌，搭建若干具有较强辐射力的国际文化交易平台

出台时间	相关政策	相关内容
2014 年 8 月	《关于推动传统媒体和新兴媒体融合发展的指导意见》	打造一批形态多样、手段先进、具有竞争力的新型主流媒体，建成几家拥有强大实力和传播力、公信力、影响力的新型媒体集团
2015 年 1 月	《关于加快构建现代公共文化服务体系的意见》	统筹推进公共文化服务均衡发展、增强公共文化服务发展动力、加强公共文化产品和服务供给、推进公共文化服务与科技融合发展、创新公共文化管理体制和运行机制、加大公共文化服务保障力度等
2017 年 5 月	《文化部"十三五"时期文化科技创新规划》	强调科技推动文化发展繁荣的重要作用，鼓励通过文化与互联网、大数据、云计算、人工智能等技术的融合将文化科技更好地转换为文化成果，培育新型文化业态
2017 年 5 月	《关于加强文化领域行业组织建设的指导意见》	明确了文化领域行业组织的职能定位，并强调要完善行业组织扶持政策，加强新闻出版、广播影视、网络文化等领域行业组织建设，为行业协会承接政府职能转移创造有利条件

3.2.1.2　技术进步及产业升级

随着经济的发展，人们对精神文化产品的需求会越来越旺盛，从而为出版传媒企业提供了巨大的发展空间。从近年我国新闻出版业的营业收入、实现利润等数据表现来看，我国新闻出版业取得了长足进步，经济总量持续增长，但同时也存在增长速度趋缓、利润率逐年趋减、行业的整体创利能力下降等问题。随着信息技术的发展及社会公众阅读习惯的改变，移动阅读、碎片化阅读、个性化阅读逐渐普及。传统纸质媒介因其枯燥的表现方式及内容承载的有限性无法满足社会公众的阅读需求变化。新媒体携数字化浪潮奔腾而来，已经成为信息传播的新载体、新平台，并对传统媒体形成严重挤压。与数字新媒体融合发展已成为传统出版传媒企业转型升级的必然选择。为应对传媒格局的新变化，国家新闻出版广电总局、中华人民共和国财政部联合发布的《关于推动传统出版和新兴出版融合发展的指导意见》中明确提出要坚持行政推动和发挥市场作用相结合，探索以资本为纽带的出版融合发展之路，支持传统出版单位控股或参股互联网企业、科技企业，支持出版企业尤其是出版传媒集团跨地区、跨行业、跨媒体、跨所有制兼并重组。

3.2.1.3 产业内部竞争激烈

随着我国新闻出版业转企改制工作的顺利完成，以及现代企业制度建立的步伐逐步加快，出版传媒企业走上良性发展道路，企业间的竞争也愈发激烈。目前传媒产业链各环节资本的不断聚集及媒体技术的不断创新都使传统出版传媒企业的生存发展面临极为严峻的考验，传统出版与数字新媒体的融合发展已经开始走向全面与纵深。如何在这一大背景下完成蜕变，发展壮大，在巩固既有优势的基础上持续主动地与新媒体、新技术融合，实现转型升级，重塑竞争优势成为出版传媒企业必须认真对待的问题。

3.2.2 微观因素

3.2.2.1 要素需求驱动，弥补战略缺口

关于出版传媒企业的未来发展，从出版传媒上市公司年报的公司战略表述来看，首先，出版传媒企业拟积极拥抱新技术，与新兴媒体融合，延伸产业链条，推动出版传媒企业的转型升级，保持其在传媒领域的竞争优势。如中文传媒集团有限公司（以下简称中文传媒）提出将继续有效落实"规模速度型"向"质量效益型"转型的要求，以"防控风险、稳健发展"为主题，紧紧抓住"稳健、创新、融合、转型"这些关键词，以"互联网＋"为路径，着力打造优强的"互

联网 +"现代出版传媒上市企业。其次，出版传媒企业拟在多元化的经营模式探索中取得成效，拓展其业务领域。如华闻传媒公司的战略蓝图为以多个领先的垂直领域业务为基础，以多屏互动为手段，以垂直化、社区化、数字化、国际化为方向，将华闻传媒打造成"互联网平台型传媒集团"，为用户提供综合生活服务，为客户提供全案营销服务。确立"全媒体、大文化"的战略定位，坚持"持续发展优势主业、大力拓展新型媒体"的总体思路。❶ 中南出版传媒集团股份有限公司（以下简称中南传媒）的战略目标为以线上与线下结合、文化与金融结合为发展思路，把公司建设成为中国一流、世界知名的信息服务和传播解决方案提供商、华文全媒介内容运营商、重要的文化产业战略投资者。❷ 江苏凤凰出版传媒股份有限公司（以下简称凤凰传媒）拟以深化改革为动力，以文化创新为先导，以转型升级为主线，以融合发展为重点，实施深化改革、全面创新"双轮驱动"，努力打造以内容创意为核心，以优质物业为依托，以数字技术为基础的多元化新传媒企业。❸ 各出版传媒上市公司的发展战略具体如表 3–2 所示。

表 3–2　出版传媒上市公司发展战略一览表

序号	公司名称	公司战略
1	青岛城市传媒股份有限公司（以下简称城市传媒）	公司以"传承文化、传播知识、传递幸福"为使命，以版权资产管理、运营为核心，以"资本积累、品牌积累"为阶段目标，立足市场化的城市特色出版传媒模式，持续创新文化产品提供方式及实现载体，构建内容资源与新媒体、新业态相互支撑融合的产品体系，充分利用资本市场平台，让文化、市场、科技和资本要素融汇聚集，将自身打造成为拥有较强实力和传播力、公信力、影响力的新型媒体企业

❶　参见华闻传媒股份有限公司 2016 年年报。

❷　参见中南传媒股份有限公司 2016 年年报。

❸　参见江苏凤凰出版传媒股份有限公司 2017 年年报。

序号	公司名称	公司战略
2	北方联合出版传媒(集团)股份有限公司(以下简称出版传媒)	公司坚持稳中求进的总基调,坚持深化供给侧结构性改革,乘着辽宁老工业基地新一轮振兴的强劲东风,围绕改革主线,以加强内部管理为保证,以重点项目为抓手,以资本运作为杠杆,紧盯市场,打造精品,推进公司稳健快速发展,早日迈进全国出版主流第一方阵
3	凤凰传媒	以深化改革为动力,以文化创新为先导,以转型升级为主线,以融合发展为重点,实施深化改革、全面创新"双轮驱动",努力打造以内容创意为核心,以数字技术为基础,以优质物业为依托的多元化新传媒企业
4	广东时代传媒集团有限公司(以下简称南方传媒)	围绕"创新驱动,加快转型"的主线,以"文化守望者、知识摆渡人"为职业使命,增强自主创新能力,以数字化转型为抓手,夯实优化原有出版、传媒产业链;依托、发挥渠道优势,并购与创业双轮驱动,发力拓展新媒体和泛教育产业链,精心培育新的产业利润增长点,充分利用上市平台的融资功能,快速形成以出版传媒为"一体",新媒体+教育、兼并重组+对外投资为"两翼",实现"文化+金融""文化+科技"融合发展,打造最具活力和成长性的出版传媒企业
5	时代出版传媒股份有限公司(以下简称时代出版)	创新是企业的主旋律,是推动改革发展的第一动力。坚持创新发展,一是着力于"转模式"。不断创新业态,确立新的经济增长点,切实推动各业务板块提质增效。二是着力于"调结构"。继续推进结构优化、转型升级。坚持主业带动多元,加大对产业链上下游的延伸力度,继续推进跨地区、跨所有制发展。在产品上,依托新媒体新业态、新技术新力量,大力推进供给侧结构性改革,满足用户不断增强的个性化需求。三是着力于"聚资源"。继续加大相关相近业务板块的整合力度,强化资源聚集,推动形成"集群效应"加快推进"外联内合",坚持做强公司在手业务和兼并重组"两手抓",实现公司内外双轮驱动的增长态势。四是着力于"树人才"。不断创新人才使用机制,进一步健全考核机制,加快薪酬制度改革进度,营造积极向上、争先创优的工作生态,为公司发展夯实智力基础
6	天舟文化股份有限公司(以下简称天舟文化)	公司将发展战略确定为"三三战略",即经过三个发展阶段、做好三个产业板块、成为"三化"集团。公司已完成从图书发行企业向文化产业集团的转型,聚焦"教育、泛娱乐、文化"三大板块。公司通过内生发展与外延并购,积极布局教育资源与服务、移动互联网娱乐、优秀文化的传承与传播三大领域,并向"集团化、国际化、文化化"的产业目标稳步迈进,打造国内一流的文化产业集团

续表

序号	公司名称	公司战略
7	安徽新华传媒股份有限公司（以下简称皖新传媒）	围绕"改革、创新、发展"主题，秉承"善其身、济天下"的核心价值观，通过"传统主业提升与转型、资本市场和实体经济双轮驱动"两大战略举措，用金融资本融合驱动产业成长，以文化教育为核心，推动公司从传统文化企业向数字化平台企业转型，成为人们终身学习教育的集成商和服务商
8	新华文轩出版传媒股份有限公司（以下简称新华文轩）	立足出版传媒业本质，把握国际文化产业发展趋势，以"互联网＋资本"为转型驱动力，围绕大文化消费服务，通过全品类经营、全客群服务、全渠道覆盖，深耕内容资源，开发产品线，完善教育综合服务产业链，筑造大文化消费生态圈，打造中国最具创新成长性的出版传媒企业，成为具有国际影响力的综合性文化服务集团
9	长江出版传媒股份有限公司（以下简称长江传媒）	发展愿景：通过持续创新和高效运营，成为中国最具成长性与投资价值的优秀中文内容提供商、优质专业增值服务商、优异文教网络运营商和优绩文化战略投资商 发展路径：夯实传统业务，坚持创新发展、谋求多元化发展、平台化发展、国际化发展，力争在转型中实现跨越发展 业务选择：做大、做强、做优出版、报刊、发行、印刷及物资贸易等传统业务；大力拓展数字化业务，拓展 IP（知识产品）变现，延伸产业链，推动产业升级和转型；尝试进入影视、动漫、投资等高风险、高回报的新业务领域
10	中南传媒	以线上与线下结合、文化与金融结合为发展思路，把公司建设成为中国一流、世界知名的信息服务和传播解决方案提供商、华文全媒介内容运营商、重要的文化产业战略投资者
11	中文传媒	公司将继续有效落实"规模速度型"向"质量效益型"转型的要求，以"防控风险、稳健发展"为主题，紧紧抓住"稳健、创新、融合、转型"关键词，以"互联网＋"为路径，着力打造优强的"互联网＋"现代出版传媒上市企业
12	读者出版传媒股份有限公司（以下简称读者传媒）	始终坚持把社会效益放在首位、实现社会效益和经济效益相统一的原则，认真贯彻创新、协调、绿色、开放、共享的发展理念，坚持正确政治方向，坚持"二为"方向和"双百"方针，加快推动传统出版和新兴出版融合发展。紧盯内容质量，创作一流作品，拓展渠道平台，强化经营管理，提升出版主业的综合实力；积极探索媒体融合、开发文化创意产业，推动产业结构从传统业态向新兴业态转型，产品结构从规模数量向质量效益升级，全力拓展"互联网＋""文化＋""读者＋"，培育新产业、构建新业态、走多业务、多元化融合发展之路，以开放的态度加强对外交流合作，打造"大读者"旗舰型出版传媒（文化）企业

序号	公司名称	公司战略
13	中文在线数字出版集团股份有限公司（以下简称中文在线）	公司实施"文化＋""教育＋"双翼飞翔发展战略，为推进公司"文化＋"战略发展，公司调整组织结构，新设成立大众文娱事业群、公共文化事业群，以大众文娱和公共文化为业务引擎打造泛文化生态，以教育阅读和数字教材教辅为抓手构建在线教育生态，致力于打造世界级文化教育集团

资料来源：根据各上市公司年报整理。

传统出版企业与新媒体的融合是一个系统工程。在这一进程中，传统出版传媒企业在创新内容生产和服务、平台建设、扩展内容传播渠道、拓展新技术新业态等方面都需要有所作为。长期以来，传统新闻出版企业的优势资源集中在内容生产及渠道终端。支撑其线上业务及新媒体布局，将公司建成新型传媒上市公司的信息技术储备不足。通过并购获取融合发展所需的资源，为企业战略的顺利实施提供有力保障，这已成为传统新闻出版企业的现实选择。

浙报传媒控股集团有限公司（以下简称浙报传媒）对爱阅读（北京）科技有限公司 70% 股权的收购案也符合获取资源、填补战略缺口这一需要。2013 年，浙报传媒提出并启动了构建互联网枢纽型传媒集团的战略，加快构建新闻传媒、数字娱乐、智慧服务和文化产业投资"3+1 平台"大传媒产业格局。受让爱阅读股权，是公司进入移动阅读领域的重要举措。爱阅读是移动阅读行业的领先企业，积累了丰富的渠道资源、优质的用户群体和良好的产品技术储备。移动阅读行业仍在快速发展，爱阅读的团队和运营经验有助于公司尽快获取移动阅读乃至网络出版领域的入口，进一步深化新闻传媒及智慧服务两大产业平台的内涵与外延。

中南博集天卷文化传媒有限公司（以下简称中南博集天卷）基于对大众图书市场深入的研究和敏锐的把控能力，拥有高效的图书选题策划开发和管理能力，具备优秀的流程管控机制与市场经验。中南传媒期望战略并购中南博集天卷后，强强联合，优势互补，全面对接中南传媒强大的出版资源平台和资本运作平台，充分发挥优秀创意管理团队的市场开发和经营管理能力，并以此为吸盘，集聚更多优质出版资源，为消费者提供创新内容、创新体验，为市场提供丰富的创意策划产品，将中南博集天卷打造成中南传媒的畅销书量产平台，深耕大众图书市场的重要出版基地，提高中南传媒在国内大众图书市场的市场占有率、品牌影响力，实现规模经济、范围经济，提升公司的综合竞争实力。

在欧美，同样存在这种弥补战略性短板的并购行为。如培生和麦格劳希尔，不断通过收购数字技术公司和技术专利，提升自身的创新能力和数字生存能力。欧美出版企业开始瞄向那些具有颠覆性创新的、旨在挑战传统出版价值链的互联网创业企业，以探寻新的融媒路径和模式，其中以传统学术出版巨头爱思唯尔并购开放科学平台门德雷（Mendeley）和老牌文学出版商企鹅收购自出版平台作者解决方案（Author Solutions）最具代表性。创建于 2009 年的学术社交平台门德雷是开放科学运动的一面旗帜。爱思唯尔作为全球最大的学术出版商，坐享超过30% 的边际利润，其暴利来源恰恰是对知识分享的限制。爱思唯尔收购门德雷的动机是去弊存益，看重的是门德雷积累的学术用户大数据，比如，某一学科领域最流行的内容，学术用户的阅读习惯，不同学科的学术社交特点等。爱思唯尔也看重门德雷拥有 200 万活跃用户的学术社交平台，希望以此弥补自身生态的短板——学术社交及与读者互动，这也是多数传统出版商面临的问题。爱思唯尔对学术内容的垄断加上门德雷在学术社交领域的领导地位，其整合形成的"马太效应"有助于进一步拓展市场、吸引用户。当然，爱思唯尔也有削弱颠覆性竞争对手的考虑。它希望限制门德雷内容分享的功能与规模，拓展其社交功能和对出版商数据库的导入能力，从而将门德雷改造成遏制其他开放社交平台的武器 。[29]

3.2.2.2 多元化经营，拓展新领域

数字技术驱动着媒体融合走向纵深。在这一历史进程中，出版传媒企业的传统经营模式饱受冲击，在某些业务领域，营收和利润水平大幅下降，未来堪忧。因此，在积极拥抱新媒体、新技术的同时，培养新的利润增长点，实现多元化经营被纳入企业战略规划。凤凰传媒在 2017 年报中对于企业发展战略的表述为："以深化改革为动力，以文化创新为先导，以转型升级为主线，以融合发展为重点，实施深化改革、全面创新'双轮驱动'，努力打造以内容创意为核心，以数字技术为基础，以优质物业为依托的多元化新传媒企业。"❶ 天舟文化将发展战略确定为"三三战略"，即经过三个发展阶段、做好三个产业板块、成为"三化"集团。公司已完成从图书发行企业向文化产业集团的转型，聚焦"教育、泛娱乐、文化"三大板块。❷

新闻出版企业的多元化经营主要通过两个路径实现：一是内部积累；二是兼并收购。通过内涵式发展路径进入新领域周期较长，风险较大，企业可能因此错失新业务部门产生利润的最佳时机。另外，企业拟进入的新领域往往存在较高的壁垒，通过新建方式突破难度较大。兼并收购则是规避或解决这些问题、快速进入新领域的一种有效方式。这种方式下，短期内目标行业现存的产业格局、竞争结构保持不变，企业可以迅速整合被并购企业现有的产品、技术、市场资源，为企业成功融入新的业务领域提供了更大可能，有效降低了进入新业务部门的风险及时间成本。国外传媒集团崛起的历程已经证明并购是其贯彻发展战略、实现多元化及快速扩展的有效途径。

---

❶ 参见江苏凤凰出版传媒股份有限公司 2017 年年报。

❷ 参见天舟文化股份有限公司 2016 年年报。

3.2.2.3　进行资源整合，实现战略协同

协同效应是指两个以上的企业相结合能够获得比单一企业自身经营更多的优势，从而实现优势互补。目前比较常见的协同效应有管理协同效应、财务协同效应、经营协同效应和销售协同效应，这四种协同效应在不同的并购活动中有着不一样的表现形式。

传媒数字化技术的发展，使传媒"范围经济"更容易实现。媒体融合背景下的新闻出版企业并购一定程度上是追求协同效应，通过管理协同、经营协同与财务协同等，优势资源互补，实现股东价值最大化目标。

教育是新闻出版企业优势资源比较集中的领域。众多出版传媒企业已开始围绕教育产业链布局，提供创新型的产品和服务。华媒控股为分享教育行业特别是职业教育领域的广阔市场，通过控股收购中教未来国际教育科技有限公司（以下简称中教未来）来提前布局教育产业，从而将业务延伸至职业教育服务领域，明确了城市生活服务商定位。在运营中，华媒控股的行业地位及影响力可为中教未来在客户拓展上提供必要帮助，并在经营管理、财务规划、品牌宣传等方面给予有力支持；中教未来大量线下的学生群体也可通过合理方式发展为华媒控股的线上用户，从而实现战略上的协同。

泛娱乐业是出版传媒企业并购的另一个密集区域，在延伸产业链条，促进出版传媒企业转型的过程中担当重要角色。凤凰传媒收购传奇影业有利于其现有资源与影视产业资源间的优势互补，促进产业链的完善和衍生。传奇影业股权收购后，凤凰传媒可充分整合精品出版资源和优秀影视制作资源，充分利用其庞大的文化 Mall 网络发展电影院线，在发行渠道、广告收入、网络媒体合作等方面协同共享，增强凤凰传媒在国内文化领域的竞争力。

3.3 出版传媒上市公司并购特征

3.3.1 出版传媒企业并购交易数量和规模特征

从 2011 年至今，中国出版传媒企业上市公司并购交易次数越来越多，从同花顺数据库得到的资料，2011—2018 年上半年，中国出版传媒上市公司共发生并购 382 起，如图 3-1 所示，其中并购完成 197 起，占并购总次数的 51.57%；并购失败 22 起，占并购总次数的 5.76%；并购进行中有 163 起，占并购总次数的 42.67%。其中，2018 年上半年出版传媒业已完成的并购事件有 7 起，交易规模 346 680.53 万元。在这些总并购事件中，华文传媒、新华传媒、长江传媒、皖新传媒、中文传媒等出版传媒企业发生多次并购事件。中国出版传媒企业并购成功占并购总次数的比率超过半数，总体上来说，并购成功的概率是可观的，但是与出版传媒企业的规模相比，并购的规模小，大部分出版传媒企业并购的目的只是弥补业务上的不足和拓展新的业务。

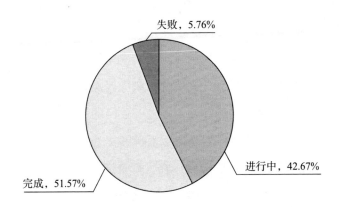

图 3-1 2011—2018 年 6 月出版传媒业并购数量占比情况

从并购规模来看，382 起并购活动的并购总金额是 1 478.72 亿元，如图 3–2 所示，并购完成的规模为 603.49 亿元，占总规模的 40.81%；并购失败的规模为 329.19 亿元，占总规模的 22.26%；并购进行中的规模为 546.04 亿元，占总规模的 36.93%。

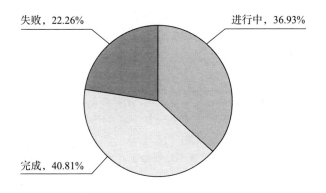

图 3–2　2011—2018 年 6 月出版传媒业并购规模情况

我们从图 3–3 中可以看出，我国传媒业并购完成的规模与数量相比较小，这可能与管理者的风险偏好有关，大部分出版传媒企业的并购目的只是弥补自己业务上的不足和拓展新的业务。从所属地域来看，并购主要发生在长三角、珠三角和京津冀地区，占比达 59%，这与长三角、珠三角和京津冀地区的经济发展水平、开发程度、竞争强度和强烈的文化需求都密切相关。

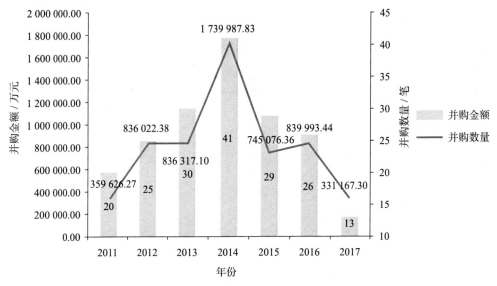

图 3-3　2011—2017 年并购数量（已完成）和并购规模

3.3.2　出版传媒企业并购的支付结算方式

2011—2018 年上半年中国出版传媒企业发生的并购交易主要通过现金进行交易，同时也有少量的并购是以资产置换及现金和资产混合的方式进行结算。从 2011—2018 年上半年发生的 382 起并购事件中，301 起采用现金方式进行结算，15 起使用资产支付，66 起使用现金和资产混合支付，这可能与现金并购方式的优势有关，比如估价简单且迅速、股东控制权不会稀释等。

3.3.3　出版传媒企业并购的关联属性

2011—2018 年 6 月，中国出版传媒企业关联交易的并购数量并不多，仅有 74 起，占总并购数量的 19.37%；非关联交易为 268 起，占总并购数量的 69.97%；其他 41 起，占比为 10.66%，具体见图 3–4。

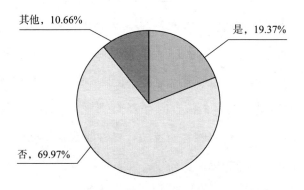

图 3–4　是否关联交易占比

在关联交易中，出让方与公司无关联关系的有 198 起，为公司本身的有 33 起，公司控股公司有 21 起，控股股东有 7 起，公司其他关联方有 2 起，其他 122 起，如图 3–5 所示，占比分别为 51.70%、8.62%、5.48%、1.83%、0.52% 和 31.85%。

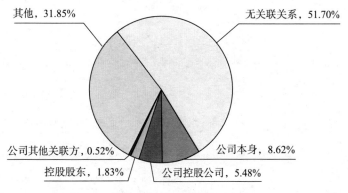

图 3–5　出让方与公司关联关系占比

3.3.4 出版传媒企业并购的其他特征

2011—2018 年 6 月，中国出版传媒企业并购案中属于并购方重大资产收购、出让、置换占总收购案数量的 14.86%，不属于并购方重大资产收购、出让、置换占比为 84.55%，其他占比为 0.59%，详见图 3–6。在这些并购案中，交易标的为股权的有 324 起，为无形资产的有 16 起，为实物资产的有 16 起，股权、债权、无形资产、实物资产等标的混合的有 25 起，其他的 2 起，占比情况见图 3–7。标的的类型主要取决于并购方的并购意图。尽管股权并购能取得目标企业的控制权，程序相对于资产并购也比较简单，而且能节省税收，但并购完成后企业可能要承担并购前目标企业存在的潜在风险，如债务风险、法律纠纷等。这些并购案中的标的公司是传媒类企业的有 33 起，占比为 8.62%，是非传媒类企业的有 350 起，占比为 91.38%，具体见图 3–8。由此可以看出，多数出版传媒企业选择多种经营方式为企业持续发展提供动力。

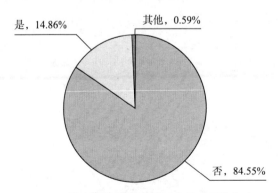

图 3–6 是否重大资产收购、出让、置换占比

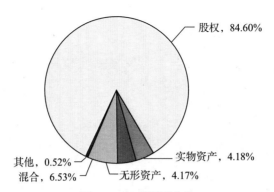

图 3-7　标的类型占比

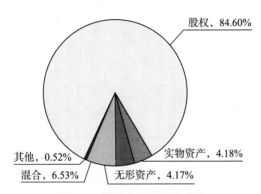

图 3-8　标的方所属行业占比

第4章 出版传媒上市公司
并购绩效评价实证研究

4.1 研究方法选择

企业并购绩效评价常用方法可以归纳为以下两类：一是将企业的股价作为衡量的主要依据。如果企业在并购后股价高于并购前，则认为并购绩效上升了;反之,则认为并购绩效下降了。二是将企业的财务数据作为衡量的主要依据。这种方法通常选取某些特定的财务指标作为业绩评价依据，如果企业在并购后财务指标比并购前改善了，则认为并购绩效上升了；反之，则认为并购绩效下降了。

根据前文描述及实际情况我们认为，经营业绩评价法更适合评价出版传媒企业并购绩效。而且，我们知道企业进行并购时的动因千差万别，企业的并购绩效很难具备唯一性。因此，我们从多个角度去描述企业的并购绩效，这样对并购绩效的评价才更全面、更科学和更客观。

4.2   研究设计

4.2.1   样本数据选取与来源

本书从主并购方的角度衡量企业并购前后的绩效变化情况。之所以研究主并购方企业的并购绩效是因为主并购方企业的规模更大，更具代表性。这些企业更能代表整个行业的状况，结论更有代表性和广泛性。

本书主要从同花顺 iFinD 数据库和网易财经网，按照以下标准对样本和数据进行了筛选。

（1）由于上市公司的财务指标容易获取，所以本书作者研究的并购企业是出版传媒行业的上市公司。

（2）并购交易最终成功，即选择并购项目进度为完成的上市公司。

（3）并购公司发布完整的并购公告，在交易所披露关于目标企业及交易特征的详细信息。

（4）如果样本在同一会计年度内发生两起或两起以上的并购，我们则选择交易金额最大的并购事件。由于本书作者采用财务指标评价法，将并购公司并购前后三年的年度财务数据作为原始指标。若一家公司在一个会计年度有多次并购，这些并购事件均进入研究样本的话，那么财务指标会重复计算，影响研究结论的科学性和准确性。

（5）将并购公司在交易所首次发布并购公告的时间作为并购的发生时间。

（6）筛选的并购公司为非 ST 类公司 ❶。

---

❶ 根据 1998 年实施的沪深证券交易所股票上市规则，对财务状况或其他状况出现异常的上市公司的股票交易进行特别处理，由于"特别处理"的英文是 Special treatment（缩写是"ST"），因此这些股票就简称为 ST 股，此类上市公司称为 ST 类公司。

（7）并购公司在长期绩效的考察期内，即并购发生前一年到并购完成后一年的会计期间内能够获得完整的财务数据。

按照以上筛选步骤，我们选取了 20 家具有代表性的出版传媒上市企业作为样本。具体的 20 家企业名单见表 4-1。

表 4-1　并购公司样本详表

中文全称	股票代码	中文全称	股票代码	中文全称	股票代码	中文全称	股票代码
大地传媒	000719	南方传媒	601900	浙报传媒	600633	中南传媒	601098
中文传媒	300373	世纪天鸿	300654	华闻传媒	000793	中文在线	300364
出版传媒	601999	新经典	603096	皖新传媒	601801	新华文轩	601811
博瑞传播	600880	读者传媒	603999	时代出版	600551	中国科技	601858
长江传媒	600757	凤凰传媒	601928	新华传媒	600825	华媒控股	000607

从以上 20 家公司中，通过查找发现，2011—2016 年共有 74 起并购案例，其中已完成的有 45 起，还在进行中的有 24 起，失败的有 5 起。不考虑进行中的和失败的案例，并且按照上文所提到的筛选标准，从 45 起已完成的案例中选出 30 起案例作为本书的样本。

4.2.2　财务指标选取

本书研究并购活动对传媒公司绩效的影响。为消除主并购方对并购后利润的操纵，本书选择综合财务指标进行分析，具体从偿债能力、营运能力、盈利能力和发展能力这 4 个方面进行研究分析。其中，反映企业偿债能力的指标选取了流动比率、股东权益比率和产权比率；反映营运能力的指标选取了应收账款周转率和存货周转率；反映盈利能力的指标选取了总资产报酬率、销售净利率和基本每股收益；反映发展能力的指标选取了营业收入同比增长率、净利润同比增长率和每股收益同比增长率。之后根据实际情况每年从这 11 个指标中选用 7 个指标代表 4 种能力，分别用 X_1、X_2、X_3、X_4、X_5、X_6、X_7 表示，旨在通过构建传媒公司并购绩效的指标评价体系对主并购方经营绩效进行综合分析评价，详见表 4–2。

表 4–2   传媒企业各年度并购绩效评价财务指标

年度	t_{-1}	t_0	t_1
偿债能力	流动比率（X_1）	流动比率（X_1）	流动比率（X_1）
	股东权益比率（X_2）	股东权益比率（X_2）	股东权益比率（X_2）
	产权比率（X_3）	产权比率（X_3）	产权比率（X_3）
营运能力	应收账款周转率（X_4）	应收账款周转率（X_4）	应收账款周转率（X_4）
盈利能力	总资产报酬率（X_5）	总资产报酬率（X_5）	总资产报酬率（X_5）
	销售净利率（X_6）	销售净利率（X_6）	销售净利率（X_6）
发展能力	营业收入同比增长率（X_7）	营业收入同比增长率（X_7）	营业收入同比增长率（X_7）

其中，我们用 t 来表示时间，t_{-1}、t_0、t_1 分别表示并购前一年、并购当年、并购完成后第一年，下同。

4.2.3   并购绩效模型的构建

（1）检验指标变量的相关性。

我们首先需要做的是分析指标变量的相关性，只有验证了相关性才能确定数据是否适用于因子分析法。进行相关性检验主要使用 KMO 检验和 Bartlett 球形检验。KMO 值最大是 1，最小是 0，1 代表相关性最强，0 代表相关性最弱，相关性越强，越适用于因子分析法。一般情况下，只有当 KMO 的值大于 0.5 时，数据才适用因子分析法。Bartlett 球形检验主要是通过变量之间的独立性来进行评价，如果统计变量的概率值小于显著性水平，则表明变量间的相关性较强，适合使用因子分析法；反之，则表明变量间的相关性较弱，不适合使用因子分析法。

（2）提取公共因子。

如果原始财务指标满足相关性检验的要求，则表示原始财务指标适合进行因子分析。将原始财务指标综合成若干个因子。通常要求提取因子的累计方差贡献率超过 70%，即提取的公共因子能够反映原始财务指标 70% 以上的信息。

（3）明确各因子的含义。

提取了公共因子后，还要进一步明确各个因子所代表的具体含义。一般情况下，使用旋转法，使因子在变量上的载荷较大，在其他变量上的载荷较小，从而确定各个因子的含义。

（4）构造综合得分模型。

为综合分析并购活动对传媒企业绩效的影响，在进行每年的绩效研究时，分别选取了 8 个财务比率构建指标评价体系模型。以并购前后共 4 年作为研究区间，每年分别作因子分析。在提取公共因子的基础上，以方差累积贡献率为权重进行加权计算，提高对并购绩效综合得分的解释度。并购绩效综合得分模型如下：

$$Y_i^t = a_{i1}X_1 + a_{i2}X_2 + \cdots + a_{im}X_m \ (i=1, \ 2, \ \cdots, \ 8)$$
$$F_i^t = b_{i1}Y_{i1}^t + b_{i2}Y_{i2}^t + \cdots + b_{ij}Y_{ij}^t \tag{4-1}$$

其中，t 是年度；Y_i^t 是各因子在 t 年度的得分；a_{im} 是因子得分系数；X_m 是原始财务指标变量；F_i^t 表示第 i 个样本公司在 t 年绩效的综合得分；b_{ij} 表示第 i 个样本的第 j 个因子方差贡献率；Y_{ij}^t 表示在 t 年第 i 个样本的第 j 个因子得分。

正值比率用来表示绩效综合得分差值为正的样本公司数量与样本总数的比率。如果"F 差值"为正值，那么就表示企业绩效得到了改善；反之，如果"F 差值"为负值，那么就表示企业绩效出现了恶化。

4.3　实证分析

4.3.1　并购绩效的描述性统计分析

因子分析法适用的前提是原始财务指标之间存在较强的相关性，从而能够提取出有效的公共因子。本书采用 KMO 检验和 Bartlett 球形检验。KMO 检验用来判断原始指标是否适合因子分析，KMO 取值范围为 0~1，如果 KMO 值越大，那么就表明原始变量之间的相关性越强。Bartlett 球形检验用于判断原始变量之间的相关性程度。

通过 SPSS 运行，得到各年度指标体系的 KMO 检验值分别为 0.504、0.501、0.403 和 0.500，且 Bartlett 球形检验统计量的概率 P 值为 0.000，小于 1% 的置信度。检验结果表明，原始变量之间的相关性较强，适合进行因子分析，具体见表 4–3。

表 4–3　KMO 和 Bartlett 检验

项目	t_{-1}	t_0	t_1
KMO 取样适切性量数	0.535	0.509	0.570
Bartlett 的球形度检验 上次读取的卡方	96.719	97.154	127.514
自由度	28	28	28
显著性	0.000	0.000	0.000

4.3.2　提取公共因子

各个因子特征值的大小反映了所起的作用，在提取公共因子时通常根据特征值和累计方差贡献率的原则，选择特征值大于 1 的主要因子成分，这样能够在最大限度地保留原始指标信息的前提下达到减少相对不重要的变量的目的。总方差解释表表明提取的公共因子解释原有变量总方差的情况，由各年的总方差解释表可知，并购前后 3 年期间，特征值大于 1 的因子有 3 个。用这 3 个公共因子解释原来变量的累计方差贡献率分别为 80.636%、79.281%、83.324%，表明提取出的 3 个因子代替原始变量的效果较好，能够在很大程度上解释原来 12 个财务指标的信息，因此采用因子分析来构建并购绩效评价体系是可以实行的。将提取出的 3 个公共因子分别用 F_1、F_2、F_3 表示。

4.3.3　对公共因子命名的解释

因子载荷矩阵中的公共因子综合性较强。其代表的实际含义比较模糊，因此需要旋转因子坐标轴，从而降低因子的综合性。本书运用最大方差法对因子载荷矩阵进行正交旋转，可以增强公共因子解释实际经济问题的能力。

以并购前一年的因子旋转后成分矩阵为例，通过分析可以得出：公共因子

F_1 在变量流动比率、股权权益比率上占有较大比重，分别为 0.879 和 0.801，说明公共因子 F_1 主要由流动比率和股东权益比率决定，是反映偿债能力的因子。公共因子 F_2 在应收账款周转率和销售净利率上占有较大比重，分别为 0.816 和 0.851，说明公共因子 F_2 是主要反映盈利能力和营运能力的因子。公共因子 F_3 在营业收入（同比增长率）上占有较大比重，占比达到 0.985，表明 F_3 是主要反映发展能力的因子。

4.3.4　构建因子得分模型，计算各因子得分

在对公共因子进行命名解释后，运用最大方差法计算得出因子得分系数，根据系数矩阵得到各年的因子得分函数（见表 4-4、表 4-5、表 4-6）。

表 4-4　并购前一年因子得分系数矩阵

因子	得分		
	1	2	3
流动比率前	0.384	−0.117	0.176
股东权益比率前	0.292	0.169	−0.049
产权比率前	−0.243	−0.200	0.034
应收账款周转率前	−0.094	0.403	−0.022
总资产报酬率前	0.367	−0.278	−0.190
销售净利率前	−0.066	0.414	−0.040
营业收入同比增长率前	0.001	−0.053	0.940

由表 4-4 可以得出并购前一年的因子得分函数：

$$F_1 = 0.384X_1 + 0.292X_2 - 0.243X_3 - 0.094X_4 + 0.367X_5 - 0.066X_6 + 0.001X_7 \quad (4-2)$$

$$F_2 = -0.117X_1 + 0.169X_2 - 0.200X_3 + 0.403X_4 - 0.278X_5 + 0.414X_6 - 0.053X_7 \quad (4-3)$$

$$F_3 = 0.176X_1 - 0.049X_2 + 0.034X_3 - 0.022X_4 - 0.190X_5 - 0.040X_6 + 0.940X_7 \quad (4-4)$$

表4-5 并购当年因子得分系数矩阵

因子	得分		
	1	2	3
流动比率中	0.299	−0.173	0.345
股东权益比率中	0.412	−0.043	−0.022
产权比率中	−0.420	0.021	0.207
应收账款周转率中	0.160	0.114	−0.331
总资产报酬率中	−0.120	0.524	0.220
销售净利率中	−0.051	0.539	−0.144
营业收入同比增长率中	−0.076	0.109	0.613

由表4-5可以得出并购当年的因子得分函数：

$$F_1 = 0.299X_1 + 0.412X_2 - 0.420X_3 + 0.160X_4 - 0.120X_5 - 0.051X_6 - 0.076X_7 \quad (4-5)$$

$$F_2 = -0.173X_1 - 0.043X_2 + 0.021X_3 + 0.114X_4 + 0.524X_5 + 0.539X_6 + 0.109X_7 \quad (4-6)$$

$$F_3 = 0.345X_1 - 0.022X_2 + 0.207X_3 - 0.331X_4 + 0.220X_5 - 0.144X_6 + 0.613X_7 \quad (4-7)$$

表4-6 并购后一年因子得分系数矩阵

因子	得分		
	1	2	3
流动比率后	0.374	−0.005	−0.304
股东权益比率后	0.218	0.227	−0.171
产权比率后	−0.224	0.548	0.116
应收账款周转率后	−0.058	0.498	−0.146
总资产报酬率后	0.386	−0.249	0.140
销售净利率后	0.279	−0.116	0.174
营业收入同比增长率后	−0.118	−0.059	0.934

由表 4–6 可以得出并购后一年的因子得分函数：

$$F_1=0.374X_1+0.218X_2-0.224X_3-0.058X_4+0.386X_5+0.279X_6-0.118X_7 \quad （4–8）$$

$$F_2=-0.005X_1+0.227X_2+0.548X_3+0.498X_4-0.249X_5-0.116X_6-0.059X_7 \quad （4–9）$$

$$F_3=-0.304X_1-0.171X_2+0.116X_3-0.146X_4+0.140X_5+0.174X_6+0.934X_7 （4–10）$$

4.3.5　构建并购绩效综合得分模型

方差贡献率代表各公共因子对绩效的影响程度。将旋转后公共因子占累积方差贡献率的权重与各因子得分函数相乘，即得到各个年度的综合得分函数。

并购前一年、并购当年、并购后一年的绩效综合得分分别记为 Y_{-1}、Y_0、Y_1，根据公式得到各年的综合得分如下：

$$Y_{-1} = 0.346\,60F_1 + 0.655\,58F_2 + 0.806\,36F_3 \quad （4–11）$$

$$Y_0 = 0.334\,77F_1 + 0.585\,79F_2 + 0.792\,81F_3 \quad （4–12）$$

$$Y_1 = 0.400\,67F_1 + 0.676\,99F_2 + 0.833\,24F_3 \quad （4–13）$$

将并购前后各年度的原始财务变量代入因子得分函数后得到 5 个公共因子的得分，再将因子得分代入绩效评价函数，即得到样本公司各并购年度的综合得分。

4.3.6　实证分析结果

在得到样本公司并购前后各年度的绩效综合得分后，在此基础上进行综合得分差值和正值比率的统计。用 $Y_0 - Y_{-1}$、$Y_1 - Y_{-1}$ 来反映并购前与并购后的绩效变化情况，用 $Y_0 - Y_{-1}$、$Y_1 - Y_0$ 来反映并购绩效的逐年变化情况。如果得到的

"Y差值"为正值，则表示企业绩效得到了改善；反之，如果"Y差值"为负值，则表示企业绩效出现了恶化。

总体来看，样本公司并购前后的绩效出现先升后降的趋势。$Y_0 - Y_{-1}$、$Y_1 - Y_{-1}$的均值分别为 1.420 672 和 –0.150 300，可以看出并购当年的绩效有所提高，但自并购后起呈现明显下降趋势。从并购绩效的逐年变化情况来看，$Y_0 - Y_{-1}$、$Y_1 - Y_0$的均值分别为 1.420 672 和 –1.570 970，可以发现尽管并购当年较并购前一年的绩效有一定程度的提高，但是并购后的绩效出现了大幅度下滑（表4–7和图4–1）。

表4–7　Y差值的均值检验和正值比率

Y差值	$Y_0 - Y_{-1}$	$Y_1 - Y_{-1}$	$Y_0 - Y_{-1}$	$Y_1 - Y_0$
均值	1.420 672	–0.150 300	1.420 672	–1.570 970
正值比率（%）	40.00	43.33	40.00	43.33

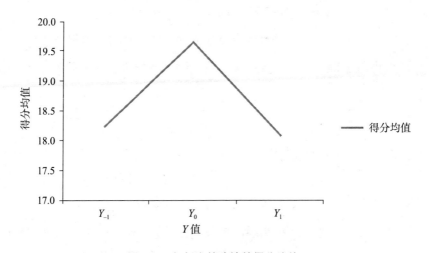

图4–1　各年度并购绩效得分均值

从正值比率来看，在并购当年 40.00% 的样本公司经营业绩较并购前一年得到改善，这一比率在并购后一年上升到 43.33%。这说明不到一半的样本公司在并购当年经营业绩得到提升，而在并购后一年业绩没有得到改善的样本超过半数，较并购当年，少部分公司在并购后绩效得到了改善，但实施并购的多数样本公司并未因并购起到改善业绩的效果。由此可以得出结论，出版传媒上市公司的并购绩效总体并不理想，多数公司并购实施后未能实现实质性的改善，并购活动无法对大多数出版传媒公司的经营活动产生持久的好的影响。

4.4　并购绩效的各项指标分析

在通过因子分析法对样本公司并购前后绩效变化进行整体评价后，下面分别对 4 类财务能力的主要指标变化情况进行均值的描述性统计。

4.4.1　偿债能力分析

4.4.1.1　短期偿债能力分析

观察短期偿债能力各指标的变化情况，可以发现流动比率和速动比率的变动趋势大致一致。并购当年流动比率由 2.138 2 上升到 2.340 8，并购后一年又呈现下降趋势，从并购当年的 2.138 2 跌至 2.162 8，但相比于并购前一年上涨了 0.024 6。速动比率指标在并购前后也呈现出先上升后下降的趋势，首先由并购前的 1.594 7 上升至并购当年的 1.721 9，然后又从并购当年的 1.721 9 下降至

1.591 1，比并购前还低了 0.003 6。现金流量比率在并购前后呈现出先降低后提高的趋势，由并购前的 0.390 4 降低至并购当年的 0.300 8，随后又升高至 0.359 1，但还是比并购前低了 0.031 3（表 4–8 和图 4–2）。

表 4–8　短期偿债能力指标各年均值统计表

单位：%

指标	并购前一年	并购当年	并购后一年
流动比率	2.138 2	2.340 8	2.162 8
速动比率	1.594 7	1.721 9	1.591 1
现金流量比率	0.390 4	0.300 8	0.359 1

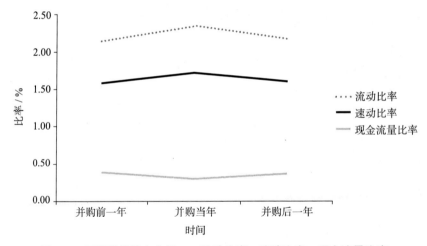

图 4–2　短期偿债能力分析——流动比率、速动比率、现金流量比率

综合来看，并购公司的短期偿债能力均有所下降，尤其是现金流量比率存在较大程度的下滑。造成这种变动趋势的原因很可能与出版传媒公司的并购支付方式有关。绝大多数的样本公司选择现金支付，造成并购后现金存量有所下降，日常的经营可能对负债产生较大的依赖。

4.4.1.2　长期偿债能力分析

观察长期偿债能力各指标的变化情况，可以发现资产负债率和产权比率均呈现逐年下降的趋势。并购当年资产负债率由 35.477 8% 下降到 32.439 7%，并购后一年又从 32.439 7 跌至 25.822 6，与并购前一年相比下跌了 9.655 2。产权比率指标在并购前后也呈现出持续下降的趋势，由并购前的 0.800 7 降至并购当年的 0.630 7，然后又从并购当年的 0.630 7 下降至 0.406 0，比并购前低了 0.394 7。股东权益比率在并购前后呈现出先升后降的趋势，由并购前的 64.522 2 升至并购当年的 67.560 3，随后又跌至 60.844 1，比并购前一年低了 3.678 1（表 4-9 和图 4-3）。

表 4-9　长期偿债能力指标各年均值统计表

单位：%

指标	并购前一年	并购当年	并购后一年
资产负债率	35.477 8	32.439 7	25.822 6
股东权益比率	64.522 2	67.560 3	60.844 1
产权比率	0.800 7	0.630 7	0.406 0

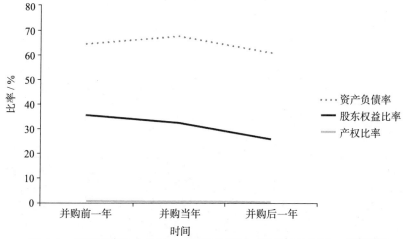

图 4-3　长期偿债能力分析——资产负债率、股东权益比率、产权比率

综合来看，并购公司的长期偿债能力均有所增强，尤其是股东权益比率存在着先升后降的趋势。造成这种变动趋势的原因，很可能与出版传媒公司的并购类型有关，2011—2017年所有的出版传媒企业并购案中有61起是与股权有关的并购，造成并购当年股东权益被增强，但是到了并购后一年股东权益比率下跌十分严重。结合资产负债率和产权比率的变动趋势，公司的长期偿债能力是得到加强的，所以对于拥有大量长期负债的出版传媒企业，并购是一种规避长期负债风险的选择。

4.4.2 营运能力分析

观察营运能力各指标的变化情况，可以发现应收账款周转率、固定资产周转率、总资产周转率的变动趋势大致一致。并购当年应收账款周转率由10.788 9下降到9.779 5，并购后一年进一步下降至8.737 5，分别下降了1.009 4和2.051 4。并购当年固定资产周转率由10.625 7下降到9.744 1，并购后一年下降至6.945 4，分别下降了0.881 6和3.680 3。并购当年总资产周转率由0.700 9下降到0.690 2，并购后一年进一步下降至0.545 0，分别下降了0.010 7和0.155 9（表4–10和图4–4）。

表4–10 营运能力指标各年均值统计表

单位：%

指标	并购前一年	并购当年	并购后一年
应收账款周转率	10.788 9	9.779 5	8.737 5
固定资产周转率	10.625 7	9.744 1	6.945 4
总资产周转率	0.700 9	0.690 2	0.545 0

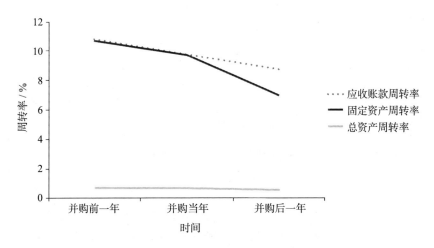

图 4-4　营运能力分析——应收账款周转率、固定资产周转率、总资产周转率

　　综合来看，并购公司的营运能力在并购后第一年呈现明显下降趋势。应收账款周转率的下降幅度相对较小，总资产周转率和固定资产周转率的下降幅度相对较大。这表明并购使资产规模迅速扩大后，企业管理资产的能力存在一定的问题，尤其是在固定资产的利用上还没有得到改善，只是单纯地并购了资产，没有使销售收入成比例地提高，没有产生协同效应。并购事件并未改变样本公司的总资产及固定资产的营运能力。因此，从营运能力分析来看，如果没有通过革新制度来提高资产的利用率，而仅仅是购买资产的话，出版传媒企业营运能力不仅不会提高，还会因为更多资产的加入导致营运能力下降，浪费资源。

4.4.3 盈利能力分析

观察盈利能力各指标的变化情况，可以发现总资产报酬率持续下降，并购当年下降幅度较大。销售净利率先升后降，但降幅不大。并购当年总资产报酬率由14.901 3下降到9.240 4，并购后一年进一步下降至8.032 9，分别下降了5.660 9和6.868 4。并购当年销售净利率由12.630 5上升到13.421 5，上升了0.791 0，并购后一年又下降至13.125 9，下降了0.295 6（表4-11和图4-5）。

表 4-11　盈利能力指标各年均值统计表

单位：%

指标	并购前一年	并购当年	并购后一年
总资产报酬率	14.901 3	9.240 4	8.032 9
销售净利率	12.630 5	13.421 5	13.125 9

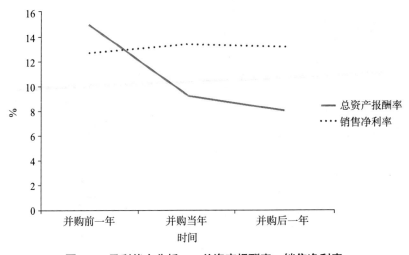

图 4-5　盈利能力分析——总资产报酬率、销售净利率

综合来看，并购公司的总资产报酬率在并购当年呈现明显下降趋势，但是销售净利率呈现明显上升趋势。这表明并购使资产规模迅速扩大后，在短期内能迅速给企业带来利润，但是企业管理资产的能力存在一定的问题，利润的增加并没有跟上企业资产的增加，没有使销售利润成比例地提高，没有产生协同效应。并购后一年总资产报酬率和销售净利率都呈下降的趋势，但是并购后一年总资产报酬率降幅相对于并购当年开始变小，这表明出版传媒企业正逐渐开始利用并购中的资产来创造利润，相信在后续的年度中，随着资产利用状况的改善，总资产报酬率会慢慢提高。

总体来说，并购给出版传媒企业带来了大量的资产，需要出版传媒企业慢慢消化这些资产，只有熟悉这些资产，改善资产利用效率，才能让资产发挥出最大的价值。但从短期来看，出版传媒企业的盈利能力因为并购所带来的大量资产并没有改善，反而有所下降。

4.4.4　发展能力分析

观察发展能力各指标的变化情况，可以发现营业收入同比增长率持续下降，并购后一年下降幅度较大。营业利润同比增长率先升后降，但降幅很大。并购当年营业收入同比增长率由 15.610 7 下降到 14.086 0，并购后一年进一步下降至 10.585 7，分别下降了 1.524 7 和 5.025 0。并购当年营业利润同比增长率由 19.314 7 上升到 24.857 5，上升了 5.542 8，并购后一年又下降至 10.189 9，下降了 9.124 8（表 4-12 和图 4-6）。

表 4-12 发展能力指标各年均值统计表

单位：%

指标	并购前一年	并购当年	并购后一年
营业收入同比增长率	15.610 7	14.086 0	10.585 7
营业利润同比增长率	19.314 7	24.857 5	10.189 9

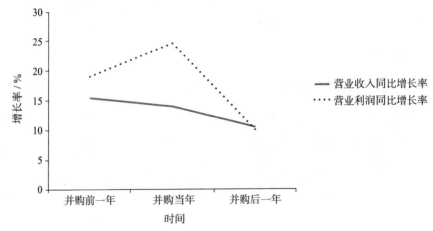

图 4-6 发展能力分析——营业收入同比增长率、利润同比增长率

总体来说，并购给出版传媒企业带来了大量的资产，短期内没有改变企业营业收入同比增长率持续下降的趋势，但是并购可以提升营业利润同比增长率。如果没有提高资产利润效率，营业利润并不能持续提升，发展能力并不会得到改善，总体还是会呈现下降趋势。

4.5　研究结论及建议

4.5.1　研究结论

本书根据并购绩效实证分析及 2011—2016 年出版传媒行业发生并购企业的财务指标，得出以下结论。

（1）2011—2015 年是出版传媒行业高速发展的时期，文化企业规模日益增大，随之偿债能力降低、企业盈利能力、营运能力有所下降。

（2）并购对出版传媒行业经营绩效有显著的影响。并购使企业规模得到扩大，营业利润大幅提高，营运能力恶化速度放缓。受并购影响，并购当年的偿债能力急速下降的状况得到缓解。并购加强了企业使用资产创造利润的能力，但是却降低了资本利用的效率。

（3）并购方为得到标的公司控制权多数进行股权并购，使得并购当年一些并购绩效指标变好，但是并购后一年又变差，面临并购后的整合问题。

（4）关联交易对并购绩效的影响程度大于非关联交易，且关联交易的并购企业的并购绩效呈上升趋势，而非关联交易的并购企业则呈下降趋势。

造成这种情况的原因主要有三点：首先，有些出版传媒企业在进行并购前没有充分地了解自身状况和发展需要，并购稍显盲目；其次，没有充分地了解被并购方，导致在收购了大量的资产后对资产利用的效率出现了问题，没有让资产产生应有的价值；最后，企业在并购前没有准确把握整体行业环境，企业本身的发展策略没有很好地顺应时代大背景。

4.5.2　相关建议

4.5.2.1　谨慎论证并购的合理性，防止盲目并购

目前出版传媒企业的整体发展态势良好，很多企业想趁机增强自身的竞争力和自身的"造血"能力。但是，对于企业是否有足够的资金进行并购，实施并购后是否还有较强的抗风险能力，实施并购后企业是否能高效管理被并购方以保证企业能及时弥补并购流出的大量现金流，当外部环境变化时，企业是否具备足够的抗风险能力，以保证并购后企业遇到困难时能顺利安全地度过等问题必须给予足够关注。企业应慎重选择并购的时机、对象和并购方式等。

企业开展并购活动时，应着眼于企业固有的条件、战略规划及并购风险的评估，而不是盲目追求规模扩张。企业并购前应从实际情况出发，综合考虑各种因素，客观评价外部环境和自身状况，科学评估并购标的，及时预估并购风险，对可能拉低企业业绩的并购要及时叫停而不应盲目跟风。

4.5.2.2　关注现金流量与财务指标

通过研究，我们发现出版传媒上市公司的并购案中有很大一部分企业采用现金结算作为并购结算方式，这种结算方式将导致企业在并购后现金流紧张，从而降低短期偿债能力，增大财务风险。如果出版传媒企业的负债激增，将会使财务风险呈几何倍数增加，一旦财务状况恶化，企业抗风险能力不足可能会使企业破产。在现在竞争激烈的市场环境下，出版传媒企业需要把握机会，控制风险，既不能负债过高，又不能错过发展良机。从前面的分析可知，出版传媒企业在并购后现金流量比率下降较为明显，因此出版传媒企业在实施并购时必须时刻关注自身财务指标，加强财务预警。

4.5.2.3　关注并购后战略整合

并购后主并购方与被并购方整合能否成功对并购绩效起着至关重要的作用。因此，出版传媒企业非常有必要做好并购后双方的整合工作。在并购前，并购方应对并购后双方在管理理念、管理方式方面作出严谨的论证。在实施了并购活动后，企业之间也应相互尊重对方的企业文化。因此，企业有必要对并购后的双方资源进行战略整合并采取相关措施来使被并购方企业员工逐渐认同主并购方企业的管理方式和价值观，进而提高企业的核心竞争力。

出版传媒企业在并购以人力资源为发展核心的知识密集型企业时，可以留用标的公司自有员工，向核心管理团队定向增发股票。将自身利益与标的公司管理团队的利益联系起来，可起到良好的激励作用。标的公司的管理团队熟悉业务，留用和激励将有助于标的公司业务在并购后的平稳过渡，降低整合风险。

4.5.2.4　跟随互联网发展脚步，调整并购出发点

随着互联网的推广和普及，新媒体所带来的用户迁移给传统出版传媒企业带来了巨大挑战。但是，只要顺应时代要求，就可以将挑战转变成机遇。在自媒体时代，传统出版传媒行业应与互联网等新兴媒体共同发展。以浙报传媒并购上海浩方信息技术有限公司（以下简称上海浩方）为例，在报纸、杂志等核心业务发展受阻的情况下，浙报传媒明确了以用户为核心的全媒体发展战略，确立了传统媒体与"互联网＋"融合发展的规划。2013 年，浙报传媒成功并购了杭州边锋网络技术有限公司（以下简称杭州边锋）和上海浩方，进一步提高了自身的市场竞争力、持续营运能力和盈利能力，向着打造综合性文化传媒集团的目标又迈进了一步。

第 5 章 基于平衡计分卡的并购绩效案例研究——以天舟文化为例

5.1 平衡计分卡理论

5.1.1 平衡计分卡概述

在提出平衡计分卡之前，企业的绩效评价大多数都采用传统的财务指标来衡量，但是随着市场经济的发展，各个行业间的界限越来越模糊，企业间的相互竞争也愈发激烈。因此，现如今采用传统的财务指标方法已经不能应对日益凸显的管理问题，企业需要一种更加全面的动态绩效评价工具来解决这一问题。在这样的背景下，平衡计分卡方法应运而生。

平衡计分卡（the Balanced Score Card）最早是由哈佛商学院的罗伯特·卡普兰教授（Robert S. Kaplan）与美国复兴全球战略集团创始人兼总裁、诺朗诺顿研究院的戴维·P. 诺顿（David P. Norton）于 20 世纪 90 年代所设计的一种多角度、多指标的具有创新意义的新型绩效考核评价体系。平衡计分卡设计之初就提出一种超越传统以财务指标为主的绩效评价体系，同时也是一种能够实现对企业战略目标"精准制导"、保证目标能够有效执行的管理手段。在平衡计分卡的理论环境下，传统的财务指标模式只能衡量过去发生的事情（落后的结果因素），但无法评估企业或组织的前瞻性投资（领先的驱动素），应该注入企业的非财务指标的衡量。平衡计分卡有 4 个评价维度，分别是客户、创新与学习、财务和内部运营。平衡计分卡的各个维度指标具有灵活变换的特点，并不是一成不变的，能根据不同类型的企业作出适当的调整。利用平衡计分卡可以将组织的战略落实到可操作的衡量指标和目标值上，使企业战略转化成为具体行动，不但能够增强企业在行业间的竞争优势，而且能够为企业管理效率带来优势。

5.1.2　平衡计分卡四维的内涵

平衡计分卡包含客户、创新与学习、财务和内部运营 4 个维度。通过 4 个维度的有效结合，能够更加全面地对绩效进行考核，形成一套既具有创新性，又注重平衡性的全面绩效评价体系，其基本框架如图 5-1 所示。

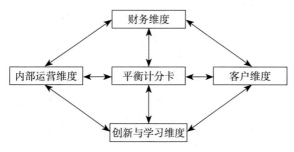

图 5-1　平衡计分卡四维框架图

（1）财务维度。

财务要素是平衡计分卡中重要的要素，对于企业或组织来说财务要素能够对改善企业盈利做出贡献，能够对财务绩效进行直接反映，体现企业经营的成果，显示企业的战略及其实施和执行情况。财务维度考核指标从多个角度出发，包括盈利能力、偿债能力、营运能力和发展能力。其相关评价指标也涉及较多，包括资产负债率、总资产报酬率和净利润增长率等。财务维度下的指标都是只能反映企业过去的交易或事项，属于外部短期结果指标。

（2）客户维度。

对于企业来说，为了实现企业的战略目标，就需要企业能够在激烈的市场竞争中赢得客户。企业以客户为目标市场导向，得到客户就等于得到市场，得到客户就等于提升了在市场中的竞争力。通过客户维度指标可以更好地让企业了解客户和市场战略，从而实现更加出色的经营成果。

（3）内部运营维度。

有效的内部运营是企业可持续发展的基本前提和企业战略目标的支撑，同时也能在目标市场上留住老客户、吸引新客户，实现企业经营业绩不断提升，并且满足股东的预期期望。

（4）创新与学习维度。

创新与学习维度指标对于企业来说是长期内部驱动指标，是对前3个维度（财务维度、客户维度和内部运营维度）的一种必要补足。随着市场竞争愈加激烈，需要企业不仅要想着盈利还要考虑长远发展。企业的长远发展离不开人才的培养。同时，企业通过前3个维度可以了解自身与企业战略目标之间的差距，为了让这个差距消失，提升企业业绩，企业必须通过内部完善来缩小差距，也就是让企业员工学习深造、再升级，进而作用于企业的发展创新中，提升企业的核心市场竞争力，使企业在市场中始终处于优势地位。创新与学习维度指标通常包括员工满意度、员工技能培训和研发成功率等。

5.1.3　平衡计分卡四维的平衡性分析

平衡计分卡最大的一个特点就是兼顾 4 个维度之间的平衡性。4 个维度之间的平衡关系能够使企业业绩评价趋于平衡和完善，利于组织长期发展。下面将具体阐述这些平衡关系。

（1）财务衡量与非财务衡量的平衡。

财务指标能够直观地呈现出企业过去的生产经营情况，所以在大多数的传统绩效评价中，财务指标都占有很重要的分量。但是，对于非财务指标来说，企业容易出现过多关注财务指标的衡量，而忽视对非财务指标的衡量。即使企业考虑到非财务方面，大多也只是进行定性说明，很少对其进行量化考核，使整个绩效评价体系缺乏实用性。平衡计分卡很好地将财务指标和非财务指标包含其中，以财务指标显示企业过去的经营情况，同时兼顾客户、内部运营、创新与学习 3 个层面的非财务指标衡量，通过不同层面的相互联系，最终呈现在绩效评价结果上，可以说是"回顾过去，着眼未来"。

（2）企业长期目标与短期目标的平衡。

平衡计分卡不但注重对企业短期目标的完成情况进行评估，而且对企业长期目标进行监督，以达到把控整体的发展方向的目的。同时，平衡计分卡可以使企业的短期目标和长期目标相统一，以短期目标为参照根据，制定能使企业更加科学、合理地长期发展的战略，避免企业只关注短期目标的利益获得而忽略长期发展的"短视"行为，从而实现企业的可持续发展。

（3）企业内部群体与外部群体的平衡。

在平衡计分卡的4个维度中，属于外部群体的两个维度是财务维度和客户，而属于内部群体的另外两个维度是内部运营维度和创新与学习维度。在外部中包括的群体是外部股东和客户等，而在内部中包括的群体有内部业务流程、内部股东和员工等。平衡计分卡基于4个维度，在执行企业的发展战略过程中能够很好地平衡内部群体和外部群体之间的利益关系，使企业绩效评价更加全面、更加科学。

（4）结果性指标与动因性指标的平衡。

大多数情况下，企业在进行绩效评价时多"以成败论英雄"，更加倾向于看中最终结果如何而常常忽略导致结果的原因。前面曾经提到的财务指标大多数都属于结果性指标，因为它们能反映企业经营状况的成果。但是如果想要真正反映企业的绩效，避免可能出现的"短视"的情况，还需要考虑业绩驱动因素的动因性指标。通过将结果性指标和动因性指标相结合，达到动态平衡，为企业带来可持续的长期价值。

（5）领先指标与滞后指标的平衡。

在平衡计分卡的4个维度中包括了领先指标和滞后指标。其中，财务指标属于滞后指标，只能反映出企业过去的经营发展情况和企业可能存在的问题，对于企业的未来战略部署、业绩效果改善和可持续发展则"束手无策"。这些问题需要领先指标来解决。领先指标通常是能够反映企业业绩驱动因素的动因性指标，在客户维度、内部运营维度和创新与学习维度都有所涉及和涵盖。平衡计分卡在兼顾滞后指标的同时，更加关注领先指标，使企业意识到过程的重要性，而不再是单纯地只注重结果，使各维度之间的关系更加协调。

5.2　基于平衡计分卡的并购绩效评价应用研究

5.2.1　平衡计分卡的优势

相比于传统的并购绩效评价方法过于狭窄的评价模式，平衡计分卡规避了单一使用财务指标对企业业绩进行评价的片面性，在涉及财务指标的基础上还加入了能够衡量企业未来发展、驱动企业领先的非财务指标，即客户、内部运作管理、员工成长和研发创新等相关指标。其中，财务指标体系能够客观、真实地反映并购前后短期的企业绩效的变化情况；非财务指标能够帮助企业在高度发达的信息化时代中把握未来发展方向，预测企业未来趋势，强化企业的长期战略目标并反映企业长期的业绩情况。通过平衡计分卡的使用，从 4 个不同的维度对企业绩效进行综合衡量与合理评价。

平衡计分卡以绩效管理为出发点，从财务维度、客户维度、内部运营维度和创新与学习维度进行衡量，通过将抽象的企业战略目标及使命转化为具体的、可实施的、可控制的指标对企业绩效进行评价。采用平衡计分卡评价以后，对并购是否实现了企业的发展战略目标，以及是否满足了企业的并购预期就一目了然了。

5.2.2　平衡计分卡在并购绩效评价中的必要性

通过上述一系列关于平衡计分卡的介绍，可以了解到它能够避免传统并购绩效评价方法的不足。所以，通过平衡计分卡的使用，可以充分、系统、全面地反映企业的经营状况，能够使企业的并购绩效评价更加完善，更加具有全面的平衡性，有利于企业的可持续性发展。对于平衡计分卡的使用并不是简单的，固定化地套用 4 个维度的指标，而是根据不同行业、不同企业的特点有针对性地设计相关指标，使其与各个维度之间存在紧密的内在逻辑，同时注重并购绩效评价体系的整体平衡性。

并购绩效评价对于企业来说至关重要，绩效评价结果的不准确可能会对企业的发展战略产生挑战，可能会误导企业的未来发展方向，甚至可能会对企业造成不可逆转的严重后果。所以，企业在进行并购绩效评价时，需要考虑涉及企业发展战略的各个维度之间的平衡关系。采用平衡计分卡进行并购绩效评价，有利于社会效益、经济效益、其他利益相关者的利益的平衡，同时也有利于将战略与企业内外部管理结合起来，达到提高企业在行业中的核心竞争力的目的。

5.3 平衡计分卡绩效评价模型的构建

5.3.1 基于平衡计分卡进行优化的原因分析

5.3.1.1 日常经营绩效与并购绩效的区别

平衡计分卡设计之初是用于公司日常绩效考核的一套评价工具，并不是专门用于并购绩效评价的一种方法，"生搬硬套"地用于并购绩效评价中并不严谨，失之偏颇。因为日常绩效和并购绩效本身就存在一定的区别，日常绩效侧重的是稳健性和盈利性，而并购绩效侧重的是协同性和规模性。

5.3.1.2　传统平衡计分卡的维度针对性不足

传统的平衡计分卡维度在设计上是针对企业日常绩效评价的，套用到并购绩效当中来存在针对性不足的问题。基于以上原因，笔者基于平衡计分卡的评价思想，结合并购绩效相关理论，有针对性地对平衡计分卡的绩效评价体系进行适度的指标重建，同时体现并购后的"并购协同效应"（财务协同、经营协同和管理协同），构造一套较为具有普适性的新的平衡计分卡并购绩效评价体系，使其不但拥有平衡计分卡系统思考、统筹兼顾、动态平衡的特点，而且加强了对并购绩效评价的针对性。

5.3.2　平衡计分卡建模的指导思想

结合并购绩效相关理论进行改进的新的平衡计分卡与传统的平衡计分卡有着十分紧密的联系。改进后的新的平衡计分卡评价体系的大部分指标是对传统平衡计分卡指标的继承，主要基于企业并购活动的研究视角适度地对平衡计分卡指标进行改进、优化，使其更适合评价企业并购绩效。整体上绩效评价体系的指标是将传统平衡计分卡的4个维度（财务、顾客、内部运营和创新与学习）的相关重要指标按照并购活动的协同效应的三大协同维度（财务协同、经营协同和管理协同）进行重新排列，并根据出版企业并购游戏企业的特点适当地加入更有针对性的特色指标，以这种新的角度来探究出版企业并购绩效的评价方式。

5.3.3 绩效评价模型的构建

通过上文的阐述与分析可见，本书的指标体系构建的路径十分清晰明朗，即基于经典的平衡计分卡理论，结合并购绩效相关理论和出版行业并购特点，通过并购整合过程的相关指标重组和具有出版行业特色的评价指标构造，最终构建出包含财务、经营和管理三大效应的多维度、多指标的并购绩效评价体系。由于传统平衡计分卡的 4 个维度和三大协同维度之间并不是简单的直接对应关系，而是存在相互交织的关系，为了便于直观地对评价指标进行呈现，需要将指标进行重新整合来得到改进后的平衡计分卡指标体系。对于指标的选取，在阅读大量相关文献的基础上考虑到出版行业并购特点，同时兼顾不同维度数据的全面性，从平衡计分卡的 4 个维度选取相关指标并适当添加出版企业并购游戏企业的特色指标，构建出一个能够进行评价打分、行之有效的并购绩效评价指标体系模型。下面分别列出的指标体系是传统的平衡计分卡指标体系（见表 5–1）和针对并购活动优化后的平衡计分卡指标体系（见表 5–2）。这套体系有效地规避了传统财务评价方法的局限性，同时将非财务指标纳入绩效考核范围，不但丰富了整体绩效评价体系模型的评价覆盖面积，也为日后出版企业的并购整合提供具有实际意义的指导建议。

表 5–1　传统的平衡计分卡指标体系

维度	指标	计算公式
财务维度	总资产报酬率	息税前利润 / 资产总额
	净资产收益率	净利润 / 平均净资产
	资产负债率	负债总额 / 资产总额
	流动比率	流动资产总额 / 流动负债总额

维度	指标	计算公式
财务维度	总资产周转率	营业收入净额 / 平均资产总额
	应收账款周转率	当期销售净收入 / 应收账款平均余额
	营业收入增长率	营业收入增长额 / 上年营业收入总额
	营业利润增长率	营业利润增长额 / 上年净利润
	总资产增长率	本年总资产增长额 / 年初资产总额
客户维度	产品多元化	产品的种类数量和涉及行业数量
	受众范围	消费者的年龄覆盖区域
	员工人均福利	员工福利费用总额 / 员工总人数
内部运营维度	管理费用率	管理费用 / 营业收入
	财务费用率	财务费用 / 营业收入
	员工人均产出值	营业收入 / 本年度员工总人数
	主营业务成本率	主营业务成本 / 主营业务收入
创新与学习维度	员工增长率	（本年度员工总人数－上年度员工总人数）÷上年度员工总人数
	本科及以上受教育程度员工数占员工总人数百分率	本科及以上受教育程度员工总数 / 员工总人数
	研发经费率	研发费用 / 营业收入
	自主研发游戏数量	自主研发的游戏个数
	研发成功度	盈利游戏产品个数 / 研发游戏产品个数

表 5–2 并购活动优化后的平衡计分卡指标体系

维度	指标	计算公式
财务协同维度	总资产报酬率	息税前利润 / 资产总额
	净资产收益率	净利润 / 平均净资产
	资产负债率	负债总额 / 资产总额
	流动比率	流动资产总额 / 流动负债总额

维度	指标	计算公式
财务协同维度	总资产周转率	营业收入净额 / 平均资产总额
	应收账款周转率	当期销售净收入 / 应收账款平均余额
	营业收入增长率	营业收入增长额 / 上年营业收入总额
	营业利润增长率	营业利润增长额 / 上年净利润
	总资产增长率	本年总资产增长额 / 年初资产总额
经营协同维度	产品多元化	产品的种类数量和涉及行业数量
	受众范围	消费者的年龄覆盖区域
	员工人均福利	员工福利费用总额 / 员工总人数
	研发经费率	研发费用 / 营业收入
	自主研发游戏数量	自主研发的游戏个数
	研发成功度	盈利游戏产品个数 / 研发游戏产品个数
管理协同维度	管理费用率	管理费用 / 营业收入
	财务费用率	财务费用 / 营业收入
	员工人均产出值	营业收入 / 本年度员工总人数
	主营业务成本率	主营业务成本 / 主营业务收入
	员工增长率	（本年度员工总人数 – 上年度员工总人数）/ 上年度员工总人数
	本科及以上受教育程度员工数占员工总人数百分率	本科及以上受教育程度员工总数 / 员工总人数

5.3.4　指标赋权方法及评分方法

5.3.4.1　指标赋权方法

本书采用层次分析法（Analytic Hierarchy Process，AHP）对构建的平衡计分卡指标体系进行权重的确定。通过此分析方法能够将相关专家定性的群体决策转化成具有较强科学性的定量决策,能够弥补单纯使用德尔菲法而造成的主观片面性缺陷,为绩效评价指标体系权重的确定提供科学的依据。

(1)根据上文构建的指标体系将其分为 3 层,分别是目标层、准则层和指标层。根据构建的指标体系可以知道,目标层为企业绩效评价指标体系;准则层为财务协同维度、经营协同维度和管理协同维度,并将准则层定义为 $A = (A_1, A_2, A_3)$,其权重为 $A = (a_1, a_2, a_3)$;指标层为具体的绩效评价指标,并定义指标层为 $B = (B_1, B_2, \cdots, B_{21})$,相应的权重为 $B = (b_1, b_2, \cdots, b_{21})$,如表5–3 所示。

表 5–3　绩效评价指标体系

目标层	准则层	权重 A_i	指标层	权重 B_i
企业绩效评价指标体系	财务协同维度	A_1	总资产报酬率	B_1
			净资产收益率	B_2
			资产负债率	B_3
			流动比率	B_4
			总资产周转率	B_5
			应收账款周转率	B_6
			营业收入增长率	B_7
			营业利润增长率	B_8
			总资产增长率	B_9
企业绩效评价指标体系	经营协同维度	A_2	产品多元化	B_{10}
			受众范围	B_{11}
			员工人均福利	B_{12}
			研发经费率	B_{13}
			自主研发游戏数量	B_{14}
			研发成功度	B_{15}

目标层	准则层	权重 A_i	指标层	权重 B_i
企业绩效评价指标体系	管理协同维度	A_3	管理费用率	B_{16}
			财务费用率	B_{17}
			员工人均产出值	B_{18}
			主营业务成本率	B_{19}
			员工增长率	B_{20}
			本科及以上受教育程度员工数占员工总人数率	B_{21}

（2）构造判断矩阵，依据 AHP 层次分析法的原理和步骤，邀请有关专家 16 名，其中包括高校相关专家 10 名，企业相关专家 6 名，自上而下对不同层级的同一概念层的要素进行两两对比，确定其相对优劣顺序，采用 T. L. Saaty 提出的 1~9 比率标度法（见表 5-4）进行评价。在数据处理方面，采用评分几何平均法对专家意见进行处理，即对专家意见进行统计，将各专家打分进行几何平均，得到量化的评价指标判断矩阵 A。以目标层对准则层的判断矩阵为例，有以下关系：

$$A_i = (a_{ij})_{3 \times 3} \quad i, j = 1, 2, 3 \quad\quad (5\text{-}1)$$

其中，$a_{ij} > 0$，$a_{ij} = 1/a_{ji}$。

表5-4　标度等级对应表

标　度	等　级
1	两者相比，同样重要
3	前者较后者，稍微重要
5	前者较后者，比较重要
7	前者较后者，十分重要
9	前者较后者，绝对重要
2, 4, 6, 8	两相邻判断的中间值

（3）一致性检验是指判断思维的逻辑一致性，其常用的计算方法有两种，分别是几何平均法和规范列平均法，求解上述判断矩阵的特征值和特征向量。如果满足一致性检验条件，则所求的特征向量就是各个绩效评价因素的权重大小。可以通过计算检验系数 CR 指标进行一致性检验。计算公式如下：

$$CR=CI/RI \tag{5-2}$$

$$CI=(\lambda_{max}-n)/(n-1) \tag{5-3}$$

其中，CI 为一致性指标，其数值越小，说明一致性越大；λ_{max} 为最大特征根；n 为判断矩阵阶数；RI 为平均随机一致性指标。当检验系数 CR < 0.1 时，即认为判断矩阵具有满意的一致性，能够通过一致性检验；否则就不具有满意的一致性，需要调整判断矩阵，直到取得满意的一致性为止。

5.3.4.2　指标评分方法

（1）根据上文确定的准则层权重和指标层权重，可以得到指标层相对于目标层的重要程度，即企业并购绩效评价指标的重要程度集合：

$$F=\{F_1, F_2, \cdots, F_{21}\}=\{A_1B_1, A_1B_2\cdots A_1B_9, A_2B_{10}, A_2B_{11}\cdots A_3B_{20}, A_3B_{21}\} \tag{5-4}$$

（2）根据绩效表现的程度，设定绩效评价集合 $S=\{S_1, S_2, S_3, S_4, S_5\}$，表示相关专家对此次并购绩效表现的评价结果的评语等级的集合，分别为差、较差、一般、较强、强 5 个等级。其中，S_i 代表第 i 个评价结果，$i=1,2,3,4,5$。在本书中，规定评价集合 S 取值范围为 0~100，$S_1=20$，$S_2=40$，$S_3=60$，$S_4=80$，$S_5=100$。对于绩效要素进行评判，由德尔菲法确定，通过咨询一定数量的相关专家，进行单因素模糊评价，对其结果进行分析，并构建企业绩效评价的模糊关系矩阵，该矩阵能够反映绩效影响因素与评价对象之间的"合理关系"。

$$X = \left(x_{ij} \right)_{21 \times 5} \qquad\qquad (5\text{-}5)$$

（3）利用模糊综合评价法所构建的模糊评价矩阵，建立层次分析模糊综合评价模型来确定企业绩效的表现情况。

$$W = F \cdot X \qquad\qquad (5\text{-}6)$$

W 指的是模糊评价结果，通过加权平均法进行归一化处理，$\sum x_{ij} = 1$，目的是消除量纲的影响。通过此评价结果，我们可以为此次并购事件的绩效表现进行打分，绩效表现越好，则数值越接近 100；同理，绩效表现越差，所得的数值也会越低。

5.4 天舟文化并购神奇时代案例研究

5.4.1 并购双方简介

5.4.1.1 并购方天舟文化

天舟文化成立于 2003 年 8 月，经过多年来的不断发展，于 2010 年 12 月完成深圳交易所创业板上市，股票代码 300148。在 2014 年以前，天舟文化的主要业务是青少年图书的出版发行业务和教育咨询业务。2014 年是天舟文化全面进军移动互联网文化产业版图的奠基之年，实现了经营业绩的快速提升和业务结构的转型跨越。2014 年以后，它在原有业务的基础上又增加了移动网络游戏业务。目前，已经成为出版传媒行业具有代表性的企业。从 2015 年开始，天舟文化向"聚焦教育、娱乐、文化三大板块"战略进行调整，加速转型步伐，推动企业跨越发展。

5.4.1.2　被并购方神奇时代

神奇时代成立于 2009 年 8 月，其前身为北京旺角科技有限责任公司，是一家采用运营研发一体化模式的网络游戏公司，拥有庞大而稳定的客户群体，其主营手机网络游戏开发与运营。作为国内的优质手游企业之一，自公司成立以来，先后推出多款风格迥异、畅销风靡的掌端游戏，有策略类网游《三国时代》及仙侠类网游《忘仙》等。时至今日仍有稳定而可观的客户群。神奇时代在互联网游戏领域拥有十分可观的成长性。企业定位于精品掌端游戏的开发和运营，致力于将别具一格的中国风游戏推向世界。

5.4.1.3　并购事件回顾

天舟文化于 2013 年 7 月 2 日为筹划并购神奇时代开始停牌。在完成重大资产重组工作以后，停牌近两个月的天舟文化于 2013 年 8 月 27 日复牌，恢复股票交易。公告显示，天舟文化拟以 21 倍溢价 12.54 亿元对神奇时代（企业估值高达约 15 倍市盈率）的全部股权进行收购，同时在交易完成以后，神奇时代将成为天舟文化的全资子公司。此次的并购交易于 2014 年 3 月 19 日获得了中国证券监督管理委员会（以下简称证监会）第 14 次并购重组委员会工作会议的审核通过，正式宣告交易成功，其支付对价方式为发行股份和支付现金，其中发行股份占此次收购对价的 71.12%，为 8.918 亿元。而采取支付现金的部分占此次收购对价的 28.88%，为 3.622 亿元。至此，天舟文化完成了业务结构的转型升级与立体化发展，并推动企业跨越发展。下面通过具体、详尽的三大协同维度的分析，考察此次天舟文化并购神奇时代的绩效表现。

5.4.2   基于平衡计分卡的并购绩效评价

根据之前建立的并购绩效评价体系，笔者分别从财务、经营和管理三大维度对不同维度的指标进行充分的研究与分析，探求各个指标不同变化的内在原因，为下一步的指标体系量化评分打下坚实的基础。

5.4.2.1   财务协同维度的评价

财务协同维度主要从盈利能力、偿债能力、营运能力和发展能力 4 个角度出发，通过具体的财务评价指标的变化情况来评价企业的并购绩效。

（1）盈利能力分析。

本书将总资产报酬率指标和净资产收益率指标作为该部分的衡量指标，通过对这两个指标的变化情况进行分析与评价，从而说明企业获取利润能力的表现情况。这两个指标的表现水平越好，说明企业获得资本能力的情况也就越好，也反映出并购后神奇时代在盈利方面对天舟文化做出的贡献越大。表 5–5 中统计归纳了天舟文化 2013—2015 年这两个指标的数值大小。

表 5–5   财务协同维度下盈利能力指标统计表

单位：%

年份		2013	2014	2015
盈利能力指标	总资产报酬率	5.05	6.92	9.71
	净资产收益率	3.29	8.92	8.60

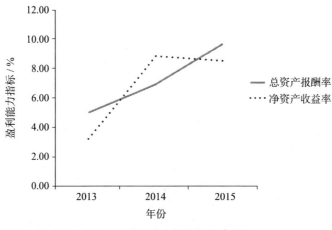

图 5–2　盈利能力指标折线变化图

由图 5–2 的折线图可以清楚而直观地看到这两个指标的变化情况，总资产报酬率各年指标基本呈一条直线，可以说明其变化是稳步上升，没有较大波动。出现这种情况主要是因为天舟文化在并购完成以后已将神奇时代作为全资子公司纳入企业的财务报表核算当中。神奇时代在被收购以后借着火爆的游戏市场环境，其手游业务实现了快速发展，营业收入和收益规模十分可观，虽然在 2014 年天舟文化的图书出版业务出现下滑的现象，但是依靠神奇时代的出色表现，整体上提升了天舟文化的盈利能力。净资产收益率呈现先上升后下降的发展趋势，但是下降幅度很小，仅比 2014 年下降了 0.32%，该指标出现轻微下滑是由于增长速度不同所引起的。天舟文化的净利润和平均净资产都在增加，但是相比而言平均净资产增长的速度更快一些。

（2）偿债能力分析。

衡量企业偿债能力的指标有很多，本书选取了资产负债率指标和流动比率指标这两个具有典型性的指标对天舟文化偿还债务的能力进行评价。这两个指标的表现情况能够反映出天舟文化并购前后其资产与负债不同组成结构的比例情况。此外，在一定程度上能够从侧面反映出目前企业的健康程度如何。资产负债率指标表现越强，说明天舟文化在资产构成中借债所占份额越小，相应地其偿还债务的可能性就越大。流动比率指标则是在一定范围内的数值越高，说明天舟文化的资产流动性越大，相应地其在短期内偿还债务的能力就越强。具体的偿债能力相关指标信息，如表 5-6 所示。

表 5-6 财务协同维度下偿债能力指标统计表

单位：%

年份		2013	2014	2015
偿债能力指标	资产负债率	14.54	12.56	7.03
	流动比率	5.39	3.29	4.28

由图 5-3 可以看到资产负债率指标的变化情况，从 2013—2015 年呈现先缓慢下降后较快下降的趋势。造成折线这样的走势是由于天舟文化通过并购活动资产规模大幅增加，其增速远远超过了负债变化的幅度。此外，通过天舟文化对外发布的公告可以了解到为了并购活动的顺利完成，在资产组成中由股东所提供的部分占比较多，提升了天舟文化在长期经营发展过程中的偿债能力。而流动比率则出现先下降后上升的变化情况。出现下降的情况主要是因为天舟文化在并购神奇时代时是采用发行股份和支付现金相结合的方式完成的。其中，采取现金支付这种对价支付方式的部分为 3.622 亿元，大量的现金用于完成此次的并购，造成了天舟文化流动资产的减少。但是在并购完成以后，流动比率又出现回升，说明在并购神奇时代之后，企业的流动资产水平恢复较快，其短期偿债的能力有所增强，使天舟文化能够保持在一个相对安全的财务区间内。

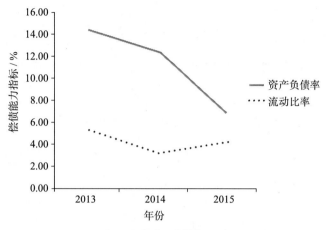

图 5–3　偿债能力指标折线变化图

（3）营运能力分析。

本书选取总资产周转率指标和应收账款周转率指标对天舟文化的营运能力进行分析，其中总资产周转率能够反映出企业的整体运营效率，而应收账款周转率能够反映出企业的资金使用效率。具体的营运能力相关指标信息如表 5–7 所示。

表 5–7　财务协同维度下营运能力指标统计表

单位：%

年份		2013	2014	2015
营运能力指标	总资产周转率	0.53	0.39	0.26
	应收账款周转率	7.31	9.68	9.23

由图 5–4 可以看到营运能力相关指标的变化情况，其中总资产周转率呈现逐年平缓减少、接近于直线的变动趋势。出现这种情况能够说明天舟文化在自

有资产的管理方面存在不足，并且在资金运转方面的效率水平也一般，需要在日后的并购整合过程中进一步完善。而应收账款周转率指标则是在并购当年出现小幅上升，之后又出现轻微走低的情况。这种变化是由于完成对神奇时代的并购，天舟文化将其纳入财务报表当中使其成为自己的全资子公司，不仅带来了优质的资源，而且原本属于神奇时代的应收账款，现在也转移到天舟文化，不过应收账款客户群都是合作多年的老客户，信誉良好且还款能力较强，与此同时应收款项的结算周期不长，所以实质上并不会对天舟文化造成太大的负向影响。

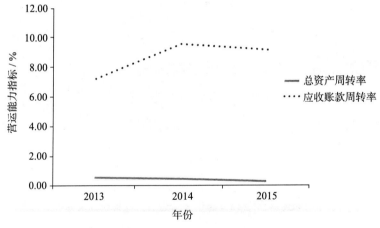

图5-4　营运能力指标折线变化图

（4）发展能力分析。

本书选取营业收入同比增长率指标、净利润增长率指标和总资产增长率指标来分析天舟文化在发展能力方面的情况，这3个指标的变动趋势越相同，说明天舟文化在发展能力方面表现越好；反之，则说明在此方面存在问题。具体的发展能力相关指标信息如表5-8所示。

表 5–8　财务协同维度下发展能力指标统计表

单位：%

年份		2013	2014	2015
成长能力指标	营业收入同比增长率	17.16	57.27	5.53
	净利润增长率	6.96	481.86	49.01
	总资产增长率	6.30	217.78	2.78

　　由图 5–5 可以清晰地看到，3 个评价指标都呈现先上升后下降的变动趋势，其中增幅最为明显的指标是净利润增长率，在 2014 年为 481.86%，增长近 70 倍。在 2015 年虽然有所下降，但是依然拥有稳定的增长态势，可见天舟文化在发展能力方面表现不错。进一步通过仔细阅读企业年报发现，天舟文化通过并购神奇时代为企业带来了正向影响，同时也进一步加快了企业的业务结构转型，在新媒体板块实现重大突破。通过并购整合，天舟文化成功实现"线上游戏，线下图书"的新的发展模式，使游戏业务和图书业务之间实现资源共享、融合发展，同时也进一步加强了两者间的协同合作，为企业注入了新的活力。

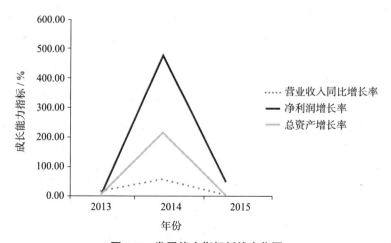

图 5–5　发展能力指标折线变化图

5.4.2.2 经营协同维度的评价

经营协同维度主要从产品多元化、受众范围、员工人均福利、研发经费率、自主研发游戏数量和研发成功度这些指标来评价企业的并购绩效。

产品多元化指标是通过企业为目标客户提供的产品种类和主营业务所涉及的行业类别两个角度出发，综合分析与评价天舟文化在并购前后的生产经营活动的情况，如表5–9所示。这两个指标表现情况越好，说明天舟文化通过并购活动实现企业发展战略目标的完成度越高。

表5–9 产品多元化变化统计表

项目	并购前		并购后	
行业及种类	涉及行业	产品种类	涉及行业	产品种类
产品多元化	1	2	2	6

通过图5–6可以发现，无论是涉及行业还是产品种类，在并购以后都呈现上升趋势。在并购神奇时代之前，天舟文化的核心业务较为单一，占比10%以上的业务仅有图书出版发行。天舟文化选择突破困境的方式是并购，以现有业务为基础，实施业务转型。并购以后，其所涉及的行业从并购前的单一的图书出版发行行业，变化成现在的两种行业，新增加了游戏行业。产品种类则是由并购前的两种变成了并购后的6种。并购事件完成以后，天舟文化将自身的传统出版业务和游戏业务进行融合，充分利用两者的优质内容资源，将优秀的游戏内容通过图书的形式进行出版，同时也可以将好的图书打造成相对应的游戏作品，从而实现向新媒体的延伸。通过手机游戏和传统出版的双向渗透，可以更加充分地共享，利用两者的优秀资源，转化成更多盈利能

力强、更加具有竞争力的产品。因此，涉及行业和产品种类的增加正是天舟文化在并购之时所想要达成的结果，实际来看，并购神奇时代以后的变化也算在正常范围内变化。

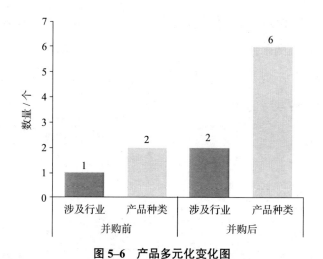

图 5-6　产品多元化变化图

受众范围指标能够反映出在激烈的市场竞争中企业所针对的目标人群的年龄范围，该指标越大，说明企业的主营产品能够满足的群体范围越大，潜在的消费者数量越多，越可能为企业带来更大的经济价值，如表 5-10 所示。

表 5-10　受众范围变化统计表

项目	并购前	并购后
受众范围 / 岁	3~20	3~30

从图 5-7 可以清楚地看到，天舟文化的受众范围从并购前的 3~20 岁扩大到

并购后的 3~30 岁，相比并购之前，受众人群增加了 10 岁，从整体来看呈现增长趋势。出现这样的情况主要是因为在并购之前，天舟文化以青少年图书的出版发行为主，而且受众地区主要集中在湖南及其周边地区，受到了地域上的限制，与此同时，相应的受众人群数量也会受此影响，较小的受众范围不利于企业的可持续发展。但是，在并购神奇时代以后，天舟文化增加了互联网游戏业务，不但打破了地域上的限制，而且扩大了天舟文化整体的受众范围。新增的这部分受众相比青少年不但在购买能力上更强，而且愿意消费，比如，购买一定的游戏道具来提升游戏中的体验。因此，受众范围的扩大有利于天舟文化未来的经营收益表现。

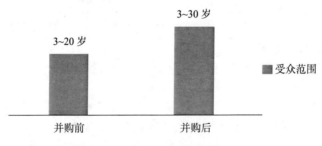

图 5–7 并购前后受众范围的变化

员工人均福利指标是从员工角度出发，对企业的运营状况进行衡量和评价。这两项指标数值越大，说明并购后的企业经营协同效应发挥得越好，如表 5–11 所示。

由表 5–11 可知，员工福利费用呈现逐年上升的趋势，在并购当年 2014 年出现较大增幅，达到 4 099 270.28 元。总体来看，2013—2015 年这 3 年期间，用于员工福利的费用增幅达到惊人的 319%。由此可以看出，天舟文化通过并购，整体的发展呈现稳中向好的态势，员工是企业的核心发展动力，良好的员工福利为留住人才资源打下了坚实的基础，同时也为企业持续经营发展提供了有力的保障。

表 5–11　员工人均福利变化统计表

年份	2013	2014	2015
员工福利费用 / 元	1 317 394.02	4 099 270.28	5 526 047.59
员工人数 / 人	241	519	476
员工人均福利 / 元	5 466.37	7 898.40	11 609.34

由图 5-8 可知，员工人数则表现为先上升后下降的趋势，并购神奇时代以后，天舟文化的员工人数增加至原来的约 2.2 倍。并购后的 2015 年，员工人数出现小幅的下降，但是整体上并未出现太大的波动。出现这种情况主要是因为天舟文化通过并购神奇时代吸收了大量的优秀人才，在并购后的整合过程中，企业

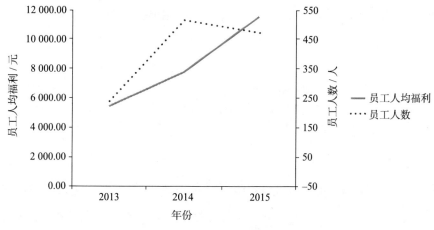

图 5–8　员工人数、人均福利变化图

出于自身发展战略，对人才资源进行了结构优化，虽然 2015 年的员工人数较 2014 年出现下降，但是只减少了 43 人，企业的核心人才团队并未受到影响。同时，从整体上来看，天舟文化的组织结构有很大的提升，为企业的经营发展提供了源源不断的核心动力。

员工人均福利逐年上升，且随着年度的增加，员工人均福利的增长幅度也有所提高，并未受到太多员工人数下降的影响，这说明天舟文化在并购以后能够很好地将神奇时代融入其中。整体上来看，天舟文化在并购以后的经营是正向发展的，实现了经营协同效应。

研发经费率、自主研发游戏数量和研发成功度这 3 个指标能够反映企业在经营发展上的思路，也在一定程度上说明企业的并购整合效果。这些指标数值越大，说明企业在产品创新、优质资源整合方面做得越好。企业提供的创新产品能够为企业带来新的收益，也为企业的持续经营发展打下坚实的基础，见表5–12。

表 5–12　创新指标变化统计表

年份	2013	2014	2015
研发费用投入 / 万元	11 686 130.85	22 943 498.07	38 426 415.63
营业收入 / 万元	327 948 371.93	515 755 768.36	544 282 530.17
研发经费率 / %	3.56	4.45	7.06

由图 5–9 可知，2013—2015 年，研发经费率呈逐年上升的趋势，在 2014 年并购以后，整体出现较大增幅，增幅约为 98.31%。由表 5–12 还能看出，随着营业收入的增加，天舟文化用于研发的费用支出也同向增长。出现这种情况的主要原因是在并购神奇时代以后，天舟文化将经费用于移动网络游戏业务的

研发，其完全自主研发的高品质掌端游戏大型 3D 手游《卧虎藏龙》已于 2014 年 10 月开始内测，并在 2015 年第二季度开启安卓和苹果双版本公测。可见，天舟文化借助自身的资金优势，将神奇时代的游戏业务做得更大，市场竞争力变得更强，在稳健地推进游戏业务发展的同时，又将产品构想变成实实在在的精品产品，为企业经营创新发展提供源源不断的动力，可以说天舟文化在并购后的经营上很好地与神奇时代发挥了协同效应。

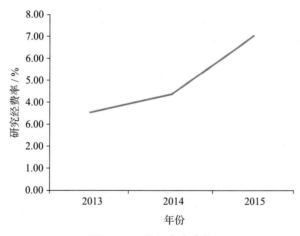

图 5-9 研发经费率变化

本书选取自主研发游戏数量指标和研发成功度指标对天舟文化自主创新研发能力进行评价，这两个重要指标的积极变化情况可以为企业带来新的活力，能够在一定程度上反映出天舟文化并购整合后的可持续发展情况和经营创新能力。具体的指标变化情况见表 5-13。

表 5–13   自主研发游戏数量和研发成功度变化统计表

项目	并购前	并购后
自主研发游戏数量 / 个	8	3
研发成功度 / %	25.00	66.67

由图 5–10 所反映的变动趋势可以看出，自主研发游戏数量在发生并购活动以后出现减少，数量只剩 3 个，而在被天舟文化并购以前，神奇时代共自主研发游戏数量多达 8 个。从数量上看，似乎是出现了下滑的情况，但是实际上这些游戏当中很多都是中看不中用的，无法帮助企业实现创收的目的。表现较好的只有《三国时代》和《忘仙》这两款游戏产品。并购以后，天舟文化除了在资金上的支持以外，还提出了"以质取胜、只出精品、精益求精"的游戏开发宗旨，并且为神奇时代制订了每年的精品产品开发计划。并购以后，天舟文化旗下的《足球大逆袭》和《卧虎藏龙》两款游戏应运而生，其上市以后反响强烈。从研发成功度指标可以看到，天舟文化在经营上的并购整合效果十分显

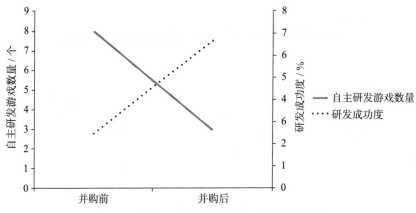

图 5–10   自主研发游戏数量、研发成功度变化

著，增幅达到惊人的 167%，这为天舟文化带来良好的收益表现，其主营业务收入实现大幅增长。这也是研发成功度指标呈上升趋势的主要原因。

5.4.2.3　管理协同维度的评价

管理协同维度主要从管理费用率、财务费用率、员工人均产出值、主营业务成本率、员工增长率、本科及以上受教育程度员工数占员工总人数百分率这些指标对这一维度进行评价。通过这些指标可以从并购整合效率和人员管理这两个方面了解天舟文化在管理协同维度的变化情况。

本书选择管理费用率指标和财务费用率指标对企业并购前后的组织管理及营销方面的效率情况进行反映。这两个具有代表性的指标变化情况如表 5-14 所示。

表 5-14　管理费用率和财务费用率变化统计表

年份	2013	2014	2015
管理费用率 / %	9.94	10.20	13.68
财务费用率 / %	−2.56	−1.03	−1.40

由图 5-11 可知，在天舟文化并购神奇时代以后，企业整体规模相比之前变得更大，其管理费用率也出现上升的情况，而财务费用率则出现负向增长的情况。值得注意的一点是，在并购当年财务费用率出现明显的变动趋势，但是管理费用率则变化不大，和并购之前的表现情况基本一致。天舟文化将神奇时代变成自己的全资子公司，其整体规模扩大，是造成管理费用率上升的主要原因。与此同时，产品结构调整、营销拓展等并购整合工作也都需要资金支持，这在

一定程度上也加剧了管理费用的上升。在后续的整合过程中，天舟文化加强了管理能力和效率，以达到有效降低管理费用率的目的。造成财务费用率呈现明显"山峰"形态的主要原因是，天舟文化可用闲置理财资金的利息收入减少。完成并购以后，通过售卖游戏中相关道具来获得大量预收账款的子公司神奇时代，也使天舟文化产生较多的货币款项。从整体来看，天舟文化在并购股前后的财务费用率一直保持负向增长的状态，说明天舟文化拥有较多的可支配资金，为企业后续发展提供了资金保障。

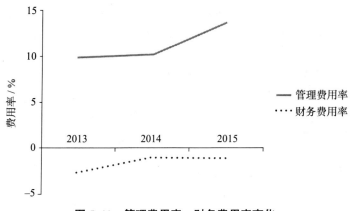

图 5–11　管理费用率、财务费用率变化

员工人均产出值指标是另一个能够反映企业管理水平状况的重要指标，也在一定程度上体现企业在并购整合过程中是否具有管理协同效应。该指标数值越高，说明企业的管理水平越高，员工的工作效率也越高，相应地企业在行业中的整体盈利能力越强，同时也是企业变得强大的一个重要信号，如表 5–15所示。

表 5-15　员工人均产出值变化统计表

年份	2013	2014	2015
营业收入 / 元	327 948 371.93	515 755 768.36	544 282 530.17
员工人数 / 人	241	519	476
员工人均产出值 / 元	1 360 781.63	993 749.07	1 143 450.69

由图 5-12 可以了解到，天舟文化的人均产出值呈现先下降后上升的趋势，在并购当年的 2014 年出现了下降，紧接着在并购后的一年，即 2015 年很快地就出现回升。出现这种情况是因为完全收购神奇时代以后，天舟文化的人数相对以前出现显著的增长，增幅达到 115%，这是造成 2014 年该指标出现下滑的主要原因。通过天舟文化的财务报告可以知道，天舟文化在完成并购活动以后对组织结构进行了优化，改善了人力资源配置，提高了员工的工作效率，这也使 2015 年员工人均产出值能够止跌回升，可以说天舟文化并购后的整合工作效果明显，其经营绩效显著。

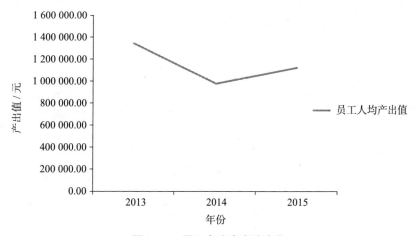

图 5-12　员工人均产出值变化

主营业务成本率指标通过主营业务成本占主营业务收入的比例大小来检验企业并购前后的盈利能力变化情况。该指标越高，说明企业的成本负担越重，相应地企业收入所创造的盈利贡献越低。通过并购神奇时代，天舟文化增加了主营业务的种类，拓展了游戏业务这个新的领域，通过该指标的变化情况，我们可以了解天舟文化的并购整合的成果，以及整体管理效率水平的情况，如表 5–16 所示。

表 5–16　主营业务成本率变化统计表

年份	2013	2014	2015
主营业务成本 / 元	234 196 001.72	281 439 807.55	235 770 667.04
主营业务收入 / 元	326 792 887.16	515 539 526.44	544 039 670.44
主营业务成本率 / %	71.66	54.59	43.34

由图 5–13 可知，2013—2015 年主营业务成本率呈逐年下降趋势，2014 年即并购当年的下降幅度较大，幅度为 17.07%，而并购后，第二年幅度有所减小，但其幅度也保持在 28.32%。出现这种变化情况说明天舟文化并购神奇时代以后，主营业务收入较主营业务成本的增长幅度更大，为企业带来相比并购以前更好的收益表现。此外，企业在拓展业务模式的同时，提升原有管理运营水平，很好地控制了成本的增加，很好地发挥了协同效应。

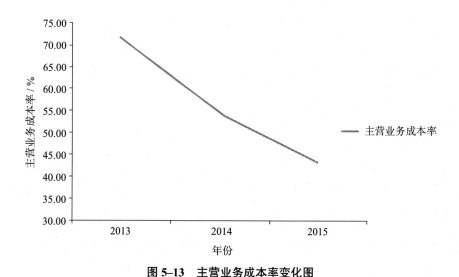

图 5-13　主营业务成本率变化图

员工增长率指标能够很好地反映出企业通过发生并购活动所导致的企业扩张规模的变化情况。该指标数值越大，说明企业的扩张速度越快，相应地企业规模相比并购之前也越大，如表 5-17 所示。

表 5-17　员工增长率变化统计表

年份	2013	2014	2015
员工数量增长率 / %	-48.39	115.35	-8.29

由图 5-14 可知，天舟文化的员工增长率呈现先上升后下降的整体趋势。特别值得注意的是，在 2013 年和 2015 年，其员工增长率都出现了负增长的情况。仅并购当年其员工增长率为正增长，达到 115.35%。出现这种状况的主要原因是天舟文化为了达到更好的并购条件，在 2013 年优化了企业的人员团队结构，

通过财务报表可以了解到企业在 2013 年提升了管理人员的数量，同时降低了行政后勤人员的占比。在并购当年，员工增长率为正并不意外。因为在 2014 年完成并购神奇时代，并纳入企业合并财务报表范围。2015 年虽然又出现负增长的情况，表面上看与企业的快速扩张业务情况相违背，但实际上仔细分析企业的财报可以发现，天舟文化在并购整合的过程中做得非常好，其管理人员水平也得到有效提升，其核心团队的人员数量占比相比并购以前是有所增加的，因此，天舟文化有效地提升了组织结构，在其核心技术团队和关键技术人员方面实际上是呈现正向发展。通过前面的员工人均产出值指标也得到了进一步的印证，那就是员工数量虽然有所减少，但是效率却是增加的。整体来看，天舟文化有效地实现了管理协同效应，为企业创造出更大的价值。

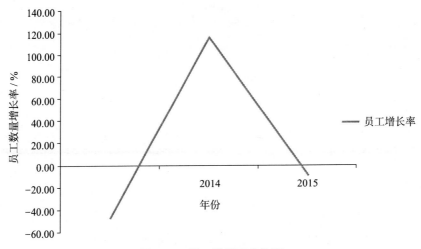

图 5-14　员工增长率变化图

大学本科及以上受教育程度员工数占员工总人数率指标是管理协同维度里面的最后一个指标，该指标既能够反映企业的创新研发能力，同时，更高学历的员工还能够为企业注入新鲜"血液",带来活力,并且拥有更先进的思维创新理念。毋庸置疑,对于天舟文化这样一家全面进军移动互联网文化产业领域的传统出版企业来说,该指标的变化情况是天舟文化能否在快速变化、竞争激烈的市场中保持足够竞争力的必不可少的因素之一,如表 5–18 所示。

表 5–18　员工受教育程度变化统计表

年份	2013	2014	2015
本科及以上受教育程度员工数占员工总人数百分率 / %	54.00	49.90	50.63
研究生及以上受教育程度员工数占员工总人数百分率 / %	0.00	4.04	5.04

　　由图 5–15 可知,本科及以上受教育程度员工数占员工总人数百分率指标基本上保持在同一水平,虽然在并购当年出现小幅下滑,但是下滑幅度不大。出现这种现象是因为并购神奇时代以后,神奇时代的全部员工都纳入天舟文化的人员计算当中,人员结构过于冗长。通过并购后整合过程,天舟文化对人员构成进行管理优化,提高了组织管理效率,在 2015 年该指标开始止跌回升,这足以说明天舟文化在并购以后实现了管理协同效应。值得注意的是,在本科和研究生构成的高学历的人员中,研究生的比例呈现不断上升的趋势,从 2013 年企业人员构成中没有一名研究生,到 2015 年已经发展成研究生的比例占全部员工总数的 5.04%,可以说,在人员构成上已发生了显著的变化。出现这种情形是因为天舟文化从传统媒介向新媒介的转型,以及新增业务结构的调整都需要大量的高学历人员将企业发展战略变成现实。

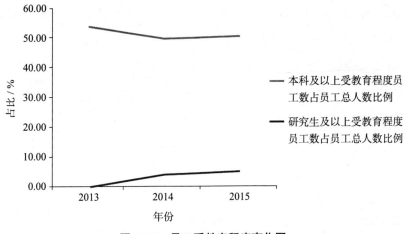

图 5–15　员工受教育程度变化图

5.4.2.4　案例评价小结

通过对财务协同维度、经营协同维度和管理协同维度内不同指标的变化进行分析，我们可以清楚地了解到，天舟文化并购神奇时代的并购活动对 3 个维度的影响是不尽相同的。其中，经营协同维度呈现积极的正向影响，而财务协同维度和管理协同维度的部分指标则变化不大或是呈现负向影响，但是两个维度的大部分指标依然是呈现正向影响的。为了更加直观地对天舟文化并购事件进行深入探究，衡量此次并购事件的并购绩效，下面对指标赋予权重，进行量化分析处理，对前面构建的并购绩效指标模型所做的指标分析推断进行验证。

5.4.3　基于平衡计分卡的并购绩效评分

前面已经介绍了指标体系量化分析的研究方法，具体操作过程如下。

（1）根据上文构建的指标体系，利用 YAAHP 程序软件进行相应计算，得到各个判断矩阵的一致性检验及相对应的权重数值，如表 5–19 至表 5–22 所示。

表 5–19　准则层评价指标结果

项目	A_1	A_2	A_3	权重	一致性检验
A_1	1	1/2	2	0.310 8	$\lambda_{max} = 3.053\ 6$
A_2	2	1	2	0.493 4	CR = 0.051 6 < 0.1
A_3	1/2	1/2	1	0.195 8	

表 5–20　指标层——财务协同维度评价指标结果

项目	B_1	B_2	B_3	B_4	B_5	B_6	B_7	B_8	B_9	权重	一致性检验
B_1	1	3	1/3	2	4	2	2	1	2	0.153 3	
B_2	1/3	1	1/3	1	3	2	1	1/2	2	0.092 3	
B_3	3	3	1	3	4	2	3	2	3	0.241 9	
B_4	1/2	1	1/3	1	2	2	1	1/2	2	0.092 3	
B_5	1/4	1/3	1/4	1/2	1	1/2	1/3	1/4	1/2	0.037 8	$\lambda_{max} = 9.300\ 7$
B_6	1/2	1/2	1/2	1/2	2	1	1/2	1/3	1	0.062 8	CR = 0.025 7 < 0.1
B_7	1/2	1	1/3	1	3	2	1	1/2	2	0.096 5	
B_8	1	2	1/2	2	4	3	2	1	2	0.160 3	
B_9	1/2	1/2	1/3	1/2	2	1	1/2	1/2	1	0.062 8	

表 5–21　指标层——经营协同维度评价指标结果

项目	B_{10}	B_{11}	B_{12}	B_{13}	B_{14}	B_{15}	权重	一致性检验
B_{10}	1	1/3	5	1/2	1	3	0.164 7	
B_{11}	3	1	3	1/2	2	4	0.256 9	
B_{12}	1/5	1/3	1	1/3	1/3	1/2	0.055 6	$\lambda_{max} = 6.349\ 3$
B_{13}	2	2	3	1	2	3	0.288 3	CR = 0.055 4 < 0.1
B_{14}	1	1/2	3	1/2	1	3	0.161 8	
B_{15}	1/3	1/4	2	1/3	1/3	1	0.072 7	

表 5–22　指标层——管理协同维度评价指标结果

项目	B_{16}	B_{17}	B_{18}	B_{19}	B_{20}	B_{21}	权重	一致性检验
B_{16}	1	2	3	1/3	3	1/3	0.144 9	
B_{17}	1/2	1	3	1/3	2	1/4	0.102 5	
B_{18}	1/3	1/3	1	1/5	1/2	1/5	0.046 6	$\lambda_{max} = 6.162\ 4$
B_{19}	3	3	5	1	4	1	0.306 7	CR = 0.025 8 < 0.1
B_{20}	1/3	1/2	2	1/4	1	1/5	0.065 2	
B_{21}	3	4	5	1	5	1	0.334 0	

（2）根据准则层和指标层权重的计算，可以通过计算得到指标层中各个评价指标要素在目标层中的重要程度数值，即

$F = \{F_1, F_2, \cdots, F_{21}\} = \{A_1B_1, A_1B_2 \cdots A_1B_9, A_2B_{10}, A_2B_{11} \cdots A_2B_{20}, A_3B_{21}\}$

$= \{0.047\ 6,\ 0.028\ 7,\ 0.075\ 2,\ 0.028\ 7,\ 0.011\ 7,\ 0.019\ 5,\ 0.030\ 0,\ 0.049\ 8,\ 0.019\ 5,$

$0.081\ 3,\ 0.126\ 8,\ 0.027\ 4,\ 0.142\ 2,\ 0.079\ 8,\ 0.035\ 9,\ 0.028\ 4,\ 0.020\ 1,\ 0.009\ 1,$

$0.060\ 1,\ 0.012\ 8,\ 0.065\ 4\}$

（3）通过向 16 位相关专家发放关于绩效评价指标的绩效表现等级的调查问卷，统计各个评价指标所对应的专家人数，如表 5–23 所示。

表 5–23 绩效表现等级调查统计表

指标	差	较差	一般	较强	强
B_1	0	0	2	6	8
B_2	0	1	2	9	4
B_3	0	0	1	5	10
B_4	1	2	3	5	5
B_5	1	1	6	6	2
B_6	2	3	6	3	2
B_7	0	0	1	6	9
B_8	0	0	2	5	9
B_9	1	2	6	4	3
B_{10}	0	1	3	7	5
B_{11}	0	0	1	5	10
B_{12}	2	3	5	4	2
B_{13}	1	3	2	6	4
B_{14}	2	2	6	3	3
B_{15}	1	2	6	5	2
B_{16}	0	2	5	3	6
B_{17}	0	1	6	6	3
B_{18}	3	4	5	3	1
B_{19}	0	1	2	8	5
B_{20}	1	2	4	3	6
B_{21}	0	0	2	8	6

对统计数据进行归一化处理，得到模糊综合评价矩阵 X，如表 5-24 所示。

表 5-24 模糊综合评价矩阵

指标	差	较差	一般	较强	强
B_1	0	0	0.125	0.375	0.5
B_2	0	0.062 5	0.125	0.562 5	0.25
B_3	0	0	0.062 5	0.312 5	0.625
B_4	0.062 5	0.125	0.187 5	0.312 5	0.312 5
B_5	0.062 5	0.062 5	0.375	0.375	0.125
B_6	0.125	0.187 5	0.375	0.187 5	0.125
B_7	0	0	0.062 5	0.375	0.562 5
B_8	0	0	0.125	0.312 5	0.562 5
B_9	0.062 5	0.125	0.375	0.25	0.187 5
B_{10}	0	0.062 5	0.187 5	0.437 5	0.312 5
B_{11}	0	0	0.062 5	0.312 5	0.625
B_{12}	0.125	0.187 5	0.312 5	0.25	0.125
B_{13}	0.062 5	0.187 5	0.125	0.375	0.25
B_{14}	0.125	0.125	0.375	0.187 5	0.187 5
B_{15}	0.062 5	0.125	0.375	0.312 5	0.125
B_{16}	0	0.125	0.312 5	0.187 5	0.375
B_{17}	0	0.062 5	0.375	0.375	0.187 5
B_{18}	0.187 5	0.25	0.312 5	0.187 5	0.062 5
B_{19}	0	0.062 5	0.125	0.5	0.312 5
B_{20}	0.062 5	0.125	0.25	0.187 5	0.375
B_{21}	0	0	0.125	0.5	0.375

（4）评价结果，如下所示。

$W = F \cdot X = \{0.033\,2, 0.076\,0, 0.177\,8, 0.347\,5, 0.365\,6\}$

通过上述绩效表现得出的结果，天舟文化并购神奇时代这次并购事件的绩效表现得分为 $W = 0.033\,2 \times 20 + 0.076\,0 \times 40 + 0.177\,8 \times 60 + 0.347\,5 \times 80 + 0.365\,6 \times 100 = 78.732$，该得分十分接近 80，得分落在一般至较强这个区间。这说明此次的并购活动对天舟文化带来了较为显著的正向影响，同时产生了较为积极的正向协同效应。

5.4.4　研究结论与展望

5.4.4.1　研究结论

随着市场经济与数字媒介的快速发展，出版行业顺应媒介融合的发展趋势，在今后会出现更多有关出版企业的并购案例，有关出版企业的并购研究也将更有意义。对于并购绩效可以从不同角度进行深入研究，本章通过对并购绩效及平衡计分卡相关理论的阐述，借鉴平衡计分卡多维度的评价思想，采用基于平衡计分卡视角的研究角度，对并购绩效进行评价，这种评价方式相对于传统单一的财务指标评价体系来说，更加全面也更加深入。本章在进行研究时又对传统的平衡计分卡指标体系进行了适当的改进，没有盲目生硬地将其套用到并购绩效评价中来，结合出版企业的行业特点及其特殊性，有针对性地构建了一个多维度、多指标的并购绩效评价体系，并且充分地结合天舟文化并购神奇时代这一典型案例对企业并购绩效进行深入、细致的研究，并最终得出相关具有说服力的研究结论。

本章通过对构建的平衡计分卡并购绩效评价模型进行评分验证，基本可以初步确定该模型是有效的。本章所构建的评价模型是从财务、经营和管理3个不同的协同维度进行分析和评价的，兼顾企业不同方面的影响因素，同时考虑指标的可量化性，有针对性地对不同维度进行定性分析和定量评分，能够让企业在实际操作的过程中清晰地把握并购绩效的程度，使最终的评价结论更有可信度。通过量化评分，可以发现不同维度的得分并不相同，这说明企业可以有针对性地对不同维度的指标实施情况进行有针对性的优化和改进。因此，改进后的平衡计分卡是具有有效性的。

整体来看，此次天舟文化并购神奇时代是一次成功的并购活动，天舟文化在不同维度都得到了不错的提升与进步，为自身转型发展奠定了不错的开局，确保企业在竞争激烈的市场中拥有不俗的竞争力。同时，在这次并购中也暴露出天舟文化在并购整合上的一些问题与不足，为企业后续发展和整合优化指明了方向。此次并购活动实现了天舟文化涉足移动互联网文化产业的重要一步，推进了企业的转型升级，使其在游戏业务领域站稳了脚跟，同时也为企业可持续发展、实现长远发展战略注入了强劲的动力。

5.4.4.2 展望

笔者在本章中虽然在阅读大量文献的基础上以天舟文化并购神奇时代作为案例进行研究分析，但由于各种研究未必能够达到预期的成果，所以还需要在后续的实践应用中不断完善和优化，还需在以下3个方面作出进一步的研究。

（1）基于平衡计分卡思想的改进并购绩效评价体系用于企业的并购绩效研究可以让并购活动的相关者（并购方及被并购方）清晰明了地通过不同维度的考察指标来了解此次并购活动的并购绩效结果，本章已经验证了模型体系的有效性，但是企业在实际中的应用效果如何，还需要持续不断地进行跟踪检验，这需要后续作出进一步的研究并不断对其跟进。

（2）目前，中国经济发展已经进入"新常态"时期，国家发布相关文件指导传统出版企业与新媒体进行融合，出版企业并购重组是大势所趋。尤其是在移动网游戏行业板块的并购事件，相信今后会有更多的并购案例发生，不同的出版企业发生的并购案例其结果也存在一定的差异，需要对出版企业和并购绩效之间的关系进行更加深入的研究。

（3）本书调查问卷的发放对象主要是高校相关专家和企业相关专家，虽然发放对象具备优秀的财务及管理相关方面的处理问题能力，但是在人数及涵盖范围上还有可以提升的空间。希望能在以后的相关研究中扩大调查问卷发放对象的范围，涵盖更加广泛的调查群体，以提高调查问卷的可信度和可操作性。

第6章 溢价并购的驱动因素
及成效分析——以中文传媒为例

6.1 并购溢价的理论来源

6.1.1 代理理论

穆勒（Mueller）（1969）认为并购溢价是并购双方内部代理问题的量化反应，企业规模的扩大会为管理层带来巨大的隐性收入，隐性收入甚至大于管理者本身的工资收入。因此，代理人可能会以谋求自身的私人利益为目的而发起并购，而并购金额越大，代理人从中获得的收益就越大，这也是被收购方溢价能力越强的原因。

黄本多和于胜道（2009）认为委托代理可能导致并购支付过高溢价，因为管理层会出于自身利益的考虑而支付高溢价，从而实现自身私利的最大化。[30]

虽然这种收益最大化从某种程度上来讲是理性的，但是对企业的发展是非常不利的。

6.1.2　控制权转让理论

布拉德利（Bradley）（1980）认为并购溢价是并购成功的重要条件，只有支付了高溢价才能实现控制权的有效转移。在并购完成以后，并购产生的协同效应会给企业创造的价值达到"1+1>2"的效果，会为企业日后发展带来超额收益，并且可以抽换掉之前经营不佳的管理者，让更优秀的管理者来经营企业。拉吉（Raj）和福赛思（Forsyth）（2003）认为在并购企业经营良好，资金充裕时，可能会在并购时不谨慎，从而导致并购的高额溢价。

裴慧奇（2011）认为并购交易中的股权转让比例、被收购公司的市值与并购溢价率呈正相关。公司的大股东会为了争夺控制权而支付高溢价从而炒作投机，而非并购后产生的协同效应预期。[31] 在进行要约并购时，只有并购支付的价格比市场价格更有利才会促成交易完成，所以，主并公司会为了促成并购交易的完成而愿意支付高额的并购溢价。于成永和邵巍（2015）认为控制权性质、管理层持股会影响评估师对并购资产的评估准确性，从而影响到并购溢价率。[32]

6.1.3　协同效应理论

瓦莱亚（Varaiya）（1987）认为并购溢价水平与主并方对并购后的预期协同效应呈正相关，当主并企业预测到并购后能带来超额收益就愿意支付过高的溢价，如果目标公司认为放弃公司控制权会承担一定利益损失，在并购方支付足够高的溢价时可以弥补损失就会接受并购。

斯拉茨基（Slusky）和 卡夫（Caves）（1991）认为并购溢价水平与财务协同效应关系更显著，与经营协同效应的关系并不显著。

6.1.4 管理层过度自信理论

罗尔（Roll）（1986）认为并购中支付的过高溢价是因为主并公司的管理层对目标公司评定并购支付价格时盲足自信、过于乐观所造成的及管理层过度自信导致溢价概率增大。

潘爱玲、刘文楷和王雪（2018）研究发现，管理者过度自信的企业，其并购溢价水平更高；同时，相比国有企业，民营企业管理者过度自信对并购溢价水平的影响更为显著。进一步研究发现，债务容量能够强化管理者过度自信与并购溢价之间的关联关系，债务容量越大，管理者过度自信与并购溢价之间的正向关系越强。[33]

6.1.5 自由现金流假说

詹森（Jensen）（1986）从自由现金流的角度出发，认为在企业资金十分充足的情况下，企业的管理者更注重自己的管理权力。在企业把资金按股金和红利分发给股东后，虽然提升了企业的自身价值，但如果把资金用来扩大市场份额，将为管理者带来更大的权利范围，这也是推动并购溢价的重要原因。

6.1.6　信息不对称理论

汤巍（2012）在对上市公司并购活动中签订对赌协议的研究中发现，签订对赌协议虽然有利于主并方对风险防范的控制，但是如果企业认不清自身实力，总拿高额承诺业绩来防范经营风险，就很可能导致企业为了达到预期目标而采取一些不恰当的手段。当企业进行一些非理性的扩张，如提前确认收入粉饰报表，来达到高额利润的目的等非理性手段时，将对企业的长远发展造成不利影响。所以企业在签订对赌协议时，应该考虑自身能力，量力而行，保持理性，合理公正的对未来业绩进行预测。[34]

唐晓佩（2014）认为签订对赌协议可以将企业并购后的未来经营风险转变为被收购方企业承诺业绩能否达标的风险，这就可以在一定程度上保护投资者的利益，也是为什么签订对赌协议的并购溢价率要高于未签订对赌协议的并购溢价率。所以签订对赌协议会在一定程度上提升并购溢价率。

6.1.7　其他理论

唐蓓、夏康健和连慧颖（2015）认为评估溢价会对并购溢价产生影响，当管理层权力过大时会导致资产评估偏离，进而造成并购溢价。如果企业聘请知名会计师事务所进行审计时，那么这种外部第三方的监督力量会驱使管理层减少机会主义动机，从而改善公司管理结构的不合理之处。

张雪松（2016）认为是文化传媒企业的轻资产导致了并购的高溢价，这是因为轻资产如人才储备、创新能力等是文化企业的核心竞争力，然而却不能反映在账面价值上。从而导致了文化企业净资产偏低，造就了高额的溢价，并且文化产业并购溢价比其他行业普遍偏高。

6.2 中文传媒溢价并购智明星通概况

6.2.1 文化传媒行业并购溢价概况

从表 6–1 各行业的并购溢价率概况可以发现，各行各业间的并购溢价率存在着巨大的差异。其中，文化传媒行业以高达 882.18% 的溢价率位居榜首，以 7 倍的差距远超排名第二位的房地产行业，尽管房地产行业 133.02% 的溢价率与其他行业相比也比较高。其他行业的并购溢价率均低于 100%。文化传媒企业的高溢价率主要取决于自身的轻资产运营模式，这些轻资产包括大量的无形资产，如人才、声誉、品牌、创新能力等。这些轻资产作为文化传媒企业的核心竞争力，是决定着文化传媒企业能否成功经营的关键因素，而这些轻资产却无法在企业的财务报表中进行具体的量化体现。因此，在并购活动中考虑到表外轻资产的存在，对目标企业也会给出较高的评估溢价。我国目前文化产业处于转型升级的大趋势下，大量并购竞争的存在更是对文化传媒企业的高溢价并购产生催化作用。

表 6–1 不同行业并购溢价率概况

行业	并购溢价率（%）
文化传媒行业	882.18
电力行业	37.05
房地产行业	113.02
钢铁行业	85.36
煤炭行业	44.88
航空航天行业	33.32
医药行业	86.63

数据来源：上海证券报。

6.2.2　并购双方介绍

（1）中文传媒简介。

中文传媒的全称为中文天地出版传媒股份有限公司（上海证券交易所交易证券代码：中文传媒，600373）。于 2010 年 12 月 21 日完成重大资产重组，是江西省出版集团公司控股的大型全产业链多媒体出版传媒公司。

公司主要经营业务按产品分类可分为图书、教材教辅、期刊杂志、出版印刷、包装、物资贸易、互联网出版、电子阅读、影音产品、国际贸易、艺术品经营、新业态等其他业务，其业务具体构成如下表 6–2 所示。中文传媒自上市后，就一直在积极的谋划转型升级之事，不断地优化产业结构，降低传统传媒业务比重，提升新媒体新业态业务占比，努力完善产业链，逐步发展成一家与时俱进的现代化出版传媒上市公司。

表 6–2　2016 年主营业务构成分析

分类	业务名称	营业收入（亿元）	收入比例（%）	营业成本（亿元）	成本比例（%）	利润比例（%）	毛利率（%）
按产品	新业态	48.50	38.69	19.76	25.97	58.34	59.27
	教材教辅	28.56	22.79	19.63	25.79	18.14	31.29
	一般图书	28.48	22.72	19.64	25.81	17.94	31.03
	物资贸易	22.31	17.79	21.85	28.72	0.92	2.03
	印刷包装	6.09	4.86	5.13	6.75	1.94	15.67
按产品	其他	5.81	4.63	5.00	6.57	1.63	13.84
	物流	4.43	3.53	3.76	4.94	1.36	15.17
	音像及数码	3.58	2.86	2.83	3.72	1.52	20.86

数据来源：同花顺财经。

2014 年，中文传媒在并购当年的营业收入为 105.03 亿元，净利润为 8.09 亿元，与 2013 年相比，同比增长 26.99%。并购完成后的第一年，2015 年的营业收入为 116.02 亿元，同比增长 10.46%，净利润为 10.58 亿元，同比增长 30.75%。并购当年、并购后的一年营业收入和净利润都有了较大幅度的同比增长。中文传媒在 2014 年被纳入上证综指的 180 指数成分股，在 2015 年被评为"财富中国 500 强"企业，成为传媒界的领军品牌。

（2）智明星通简介。

智明星通全称为北京智明星通科技股份有限公司，成立于 2018 年 9 月 18 日，是一家经营手机游戏的互联网公司。主要经营业务为移动互联网手机游戏、网页游戏、网址导航、杀毒软件、行云服务等各种互联网增值服务。公司设立了游戏研发与推广部门，主要客户市场集中在欧美和东南亚，国内市场份额较少。公司的多语言众包翻译机构及行云平台曾帮助国内电商网站如京东、敦煌网、凡客诚品等步入海外市场，行云平台也同时负责游戏的本地化与电子公司的本土化服务。智明星通的下属子公司主要有合肥智明、智明互动、智明网讯、北京行云、上海沐星、上上签等多家公司。智明星通过其创建的游戏平台和商务平台实现了流量的变现，截止到被中文传媒并购前，拥有 5 000 万的活跃用户，有着流量入口—发行平台—游戏与应用的完整产业生态链。

智明星通的收入来源主要集中在游戏的运营和发行上，移动手游与网页游戏是收入的最主要来源。按收入来源的重要性依次划分为：游戏服务收入、游戏代理运营收入、游戏授权收入、互联网增值服务收入、互联网产品收入。智明星通始终坚持打造面向国际市场的游戏及互联网产品的生态系统。截止并购活动发生前，2014 年第一季度智明星通的财务报表显示，总资产为 2.7 亿元，净资产 0.98 亿元，营业收入从 2011 年的 2.6 亿元整增长至 2013 年的 6.19 亿元，净利润从 2011 年的 102.29 万元增长至 2013 年的 7 605.94 万元，在并购前，智明星通的发展前景非常被看好。

6.2.3　溢价收购的过程及支付方式

（1）收购过程。

2014 年 6 月 19 日，智明星通股东大会通过表决最终做出决定，所有股东同意转让全部公司股权，同时所有股东都放弃对智明星通股权转让的优先购买权。

2014 年 6 月 20 日，中文传媒在第五届董事会第十四次临时会议上通过了与这次并购有关的各种交易议案及其他相关议案，同时与智明星通签订《框架协议》。

2014 年 6 月 23 日，中文传媒宣布重大公告事项，以 26.6 亿元的价格收购北京智明星通科技股份有限公司 100% 股权。评估方法为收益法，评估增值率为 2 817.08%。

2014 年 8 月 7 日，江西省财政厅对本次并购交易事件进行了评估备案。

2014 年 8 月 14 日，中文传媒在本公司第五届董事会第十五次临时会议上过了本次并购交易的正式实施方案及各种相关议案，并且与智明星通签署《补充协议》。

2015 年 1 月 5 日，中文传媒收到中国证监会的批文，本次并购交易发行股份购买资产得到了正式批准。1 月 16 日，中文传媒以每股 12.73 元的价格发行了 129 552 238 股股票完成了股权的变更，对智明星通的收购。

2015 年 1 月 16 日，智明星通正式成为中文传媒的一级子公司。

（2）溢价结果与支付方式。

本次并购交易的价格为 26.6 亿元，收购目标企业 100% 的股权，并购溢价率为 2 817.08%，这 26.6 亿元中包括了股份对价 16.49 亿元和现金对价 10.11 亿元。

本次交易对价的具体支付方式将与各方未来承担的业绩补偿责任和风险相挂钩。其中子公司将以获得现金对价支付方式为主，14 名自然人获得股份对价支付。具体交易对价支付情况如表 6-3 所示：

表 6-3　收购方式及其具体对价

股东姓名	总对价（元）	现金对价（元）	股份对价（元）
孝昌枫杰	1 524 738 909.00	670 186 243.00	854 552 666.00
孝昌沐森	160 108 397.00	70 374 308.00	89 734 089.00
深圳利通	431 615 870.00	152 335 012.00	279 280 858.00
创新工场	69 661 339.00	69 661 339.00	—
贝眉鸿	48 243 089.00	48 243 089.00	—
唐彬森	122 886 228.00	—	122 886 228.00
谢贤林	95 417 089.00	—	95 417 089.00
周雨	52 298 850.00	—	52 298 850.00
吴凌江	48 448 933.00	—	48 448 933.00
高志勇	44 599 017.00	—	44 599 017.00
王安妮	18 620 000.00	—	18 620 000.00
涂智炜	18 620 000.00	—	18 620 000.00
舒圣林	13 800 200.00	—	13 800 200.00
张燕	7 980 000.00	—	7 980 000.00
任超	592 414.00	—	592 414.00

股东姓名	总对价（元）	现金对价（元）	股份对价（元）
陈晟	592 414.00	—	592 414.00
徐诚	592 414.00	—	592 414.00
陈根	592 414.00	—	592 414.00
马琳	592 414.00	—	592 414.00
合计	2 660 000 000.00	1 010 800 000.00	1 649 200 000.00

数据来源：中文天地出版传媒股份有限公司发行股份及支付现金购买资产并募集配套资金预案。

6.2.4　溢价收购的保障措施

（1）业绩承诺及业绩补偿安排。

本次交易的业绩承诺人为唐彬森、谢贤林、周雨等 14 名自然人及孝昌枫杰、孝昌沐森、深圳利通等企业。

智明星通在本次并购交易中做出的承诺业绩为 2014 年、2015 年、2016 年每年的净利润分别达到 15 101 万元、20 205 万元、25 100 万元。如果承诺期内业绩没有达到标准的将对中文传媒进行补偿。顺序将优先股份补偿后现金补偿。

当年应补偿金额 =（截至当期期末累积承诺净利润 - 截至当期期末累积实际净利润）÷ 业绩承诺期内承诺净利润总和 × 标的资产交易价格-已补偿金额。

在业绩承诺期届满时，将由具有证券从业资格的会计师事务所对智明星通进行减值测试并出具《减值测试报告》。如果智明星通期末减值额 > 已补偿金额（包括已补偿股份金额和现金金额），则业绩承诺人应另行对本公司进行补偿。

根据《框架协议》规定，如果业绩承诺人在业绩承诺期满时未能实现承诺业绩，除了要按照上述约定对中文传媒进行补偿外还要对现金支付做出以下调整。

如果 2014 年的实际净利润小于承诺业绩的一半，则本应支付给孝昌枫杰、孝昌沐森的现金对价合计将减少 30 467 003 元，本应支付给深圳利通的现金对价增加 30 467 003 元；如果实际利润大于承诺业绩的一半但是又不达不到承诺业绩时，则本应支付给孝昌枫杰、孝昌沐森的现金对价合计数将减少 30 467 003 元 ×（1– 实际净利润 / 承诺净利润），本应支付给深圳利通的现金对价增加 30 467 003 元 ×（1– 实际净利润 / 承诺净利润）。

同样，如果 2015 年实际净利润不足承诺业绩的一半，则本本应支付给孝昌枫杰、孝昌沐森的现金对价合计减少 22 850 252 元，本应支付给深圳利通的现金对价增加 22 850 252 元；如果实际利润大于承诺业绩的一半又达不到承诺业绩时，则本应支付给孝昌枫杰、孝昌沐森的现金对价合计数将减少 22 850 252 元 ×（1– 实际净利润 / 承诺净利润），本应支付给深圳利通的现金对价将增加 22 850 252 元 ×（1– 实际净利润 / 承诺净利润）。

如果 2016 年的实际净利润不足承诺业绩的一半，则本应支付给孝昌枫杰、孝昌沐森的现金对价合计数将减少 22 850 252 元，本应支付给深圳利通的现金对价将增加 22 850 252 元；如果实际净利润超过承诺业绩的一半、但未达到承诺业绩的话，则本应支付给孝昌枫杰、孝昌沐森的现金对价合计数将减少 22 850 252 元 ×（1– 实际净利润 / 承诺净利润），本应支付给深圳利通的现金对价增加为 22 850 252 元 ×（1– 实际净利润 / 承诺净利润）。

（2）股份锁定安排。

①股份锁定安排。

本次并购交易活动中，以股份对价方式支付的 14 名自然人及子公司，其获得的股份在并购交易股份发行完成之日起 12 个月内不得转让，12 个月后解禁 30%，24 个月后解禁另外 35%，36 个月后解禁最后的 35%。如果股份发行结束后的 12 个月里中国证监会有要求的，那么股份发行结束的 36 个月里都不得转让。

②配套募集资金股份锁定安排。

参与配套募集资金认购的特定投资者认购的股份自本次发行完成之日起 12 个月内不得进行转让，在此之后按中国证监会及上交所的有关规定执行。

6.3　中文传媒溢价并购智明星通的动因

6.3.1　传统业务发展受限

随着互联网的发展，以印刷、发行和广告为三大主营业务的传统传媒企业的发展受到了巨大的挑战，由于新媒体的冲击，传统传媒行业竞争压力增大，印刷发行业务产生的利润微乎其微，广告业务产生的利润也并不乐观。中文传媒作为传统传媒企业，在发展模式和业务结构上均存在很多影响企业发展的问题。

6.3.2　新业态的冲击

从 2015 年开始，出版传媒体制机制向纵深化方向改革，以"互联网＋"为代表的新业态成为文化传媒行业发展的目标与方向。传统传媒企业为了实现业态的转型升级，资源的优化配置，经营模式的调整开始在互联网领域进行并购、投资，这将促使传统传媒企业营销方式的转变，人才与资源的流动，多元化的发展。中文传媒选择在互联网行业表现优秀的智明星通进行并购重组，有助于借助智明星通现有的平台对自身的产业链进行完善与扩张，开展网络新媒体业务，实现传统媒体与新媒体的融合发展，为今后的产业结构优化改造升级奠定了良好基础。

在自媒体逐渐取代传统媒体的新趋势之下，网络游戏产业因经营成本低，盈利空间大，生命周期长，用户黏性强等特点已成为我国经济增长新的亮点，在第三产业中的比重也逐年增长。中文传媒对智明星通的收购可以使得中文传媒快速进入互联网新领域，创建新媒体发展平台，短时期内创造新的利润增长点，改善营销方式，促进企业进一步的发展。

6.3.3　国家政策的支持

近年来，政府出台了一系列针对文化产业发展的扶持政策，并推出多项利好政策。国家"十二五"规划中就提出要振兴我国文化产业，提升国家文化软实力及中华文化的国际影响力，其中重点发展文化创意、国产动漫、电子阅读、数字出版等新兴文化传媒产业。通过一系列的税收优惠和融资优惠使我国向文化强国迈进。文化传媒行业进入了发展的黄金时期，市场宽松、政策支持，行业发展形势非常好。新媒体企业作为文化传媒行业中的高科技企业，在人才与创新能力上都具有较强的优势，传统的传媒企业与新型的高科技企业合并可以为企业的发展带来更多的机会，促进业务的转型，适应经济的发展，从而增强企业的实力。"文化＋科技"的并购模式成为了文化传媒企业并购活动的新方向。

6.4　并购溢价产生的原因

6.4.1　从资产评估角度分析并购溢价的原因

在这次企业并购中，资产评估企业中同华以 2014 年 3 月 31 日为评估基准日，对智明星通的资产进行评估确认，评估结果为下表 6-4 所示。

表 6-4　智明星通评估结果

评估方法	账面价值（万元）	评估价值（万元）	评估增值率（％）
收益法	9 262.24	266 000.00	2 771.88
市场法		269 400.00	2 808.58

数据来源 :《中文传媒发行股份及支付现金购买资产并募集配套资金预案》。

（1）使用收益法在评估基准日 2014 年 3 月 31 日，对智明星通的股东所有权益评估价值为 266 000.00 万元，比账面净资产增加了 256 737.76 万元，增值率为 2 771.88%。

（2）使用市场法在评估基准日 2014 年 3 月 31 日，对智明星通的所有股东权益评估价值为 269 400.00 万元，比账面净资产增加了 260 173.76 万元，增值率为 2 808.58%。

（3）由于市场法和收益法的评估基准不同，导致了两种评估方法的评估结果存在着较大的差异，市场法和收益法的评估结果相差 3 400 万元。因为市场法的评估方法是在市场上寻找一个经营水平、获利能力等各个方面都和智明星通差不多的企业，依照市场上的这家同类企业最近并购的成交价值，对比被评估企业自身特征而确定并购的股权评估价值。收益法主要是基于被并购企业的后期收益的考虑，通过对被并购企业现有资产在以后可形成的收益，再将未来收益进行折现后作为企业股权评估的评估价值。虽然成本法和收益法都会考虑到企业的各种轻资产的价值，但是收益法更看重增长率等因素对公司后期价值的作用，其价值乘数受到股市变化的影响很小。所以评估决定用收益法评估结果作为最终评估结果，智明星通于 2014 年 3 月 31 日的所有权市场价值为 266 000.00 万元。

6.4.2 评估增值的原因

（1）行业特征。

文化传媒企业的主要特征就是以"轻资产"运营为主，固定资产比重小，账面价值并不高，而轻资产如科研能力、创新能力、人才、客户资源等，却不能反映在财务报表上，因此，文化传媒企业的评估价值普遍偏高。智明星通正属于这种以轻资产运营为主的互联网新媒体游戏企业，账面价值并不能完全反映企业的实际价值。

如果使用成本法，只能展现出评估基准日智明星通的投资成本，评估结果无法涵盖资产增值情况及经营积累，相关"轻资产"无法在账面上表现出来。而使用收益法，能够将智明星通的科研创新能力、人才团队、服务水平、品牌声誉、实践经验、产品质量等关键部分全都考虑在内，很好地反映账面价值所不能反映的实际价值。以"轻资产"运营为主的行业特征和评估方法的选择是这次评估增值的一个重要原因。

（2）智明星通良好的经营状况。

2008 年，智明星通创建之后，就在网页游戏、互联网网络游戏领域持续努力发展，从 2012 年开始，随着智能手机逐渐普及，智明星通开始着重发展手机互联网领域，客户数量也逐渐上升，公司的经营规模也开始扩大，形成了集研发、运营、推广、平台于一体的全行业链运作系统。在游戏业务和互联网平台业务相辅相成的作用下，智明星通发展为一家包含网游研究发行、互联网平台运作和服务在内的大规模公司。在公司成长的过程中积累的良好发展经验、人才队伍、优质的产品与服务、多样化的业务与市场。这些优势都将成为并购后的协同效应，提高并购后的经营收入、盈利水平、降低经营风险。

6.4.3　从并购的协同效应角度分析并购溢价的原因

文化传媒企业的核心竞争力取决于创新能力、人才等轻资产，而这些轻资产是企业资本积累过程中很难形成的，而这些轻资产恰恰是文化传媒企业能否运营成功的关键，这些轻资产是文化传媒企业的核心竞争力，能够在未来为企业带来丰厚的利润。所以，文化传媒企业更倾向于通过并购来扩大规模，实现企业的多元化发展。

由于受到互联网新业态业务的冲击，传统传媒企业的传统业务发展十分受限，传统传媒企业不得不向新兴互联网新传媒新业态方向转变。而被并购方智明星通正是属于这种互联网新媒体新业态企业，并且发展态势非常看好，中文传媒将其并购后可以延长产业链发展，优势资源进行互补，从而提升中文传媒的获利能力，并购也符合中文传媒的发展战略，扩张了公司的发展版图，提升了经济效率。

（1）财务协同效应角度。

中文传媒对智明星通的收购符合了当年提出的"文化与科技、金融与市场的大融合"战略。并购金额高达 266 000 万元，其中包括了 164 920 万元的股份对价与 1 011 080 万元的现金对价。其中至少向少于十名非公开发行股份收集这次并购的相应资金，资金收集总额为 88 666.67 万元，接近送次交易总额书的25%。可以看的出来这次并购不管是股票市场、公众部门还是投资者都对这次并购交易持乐观认可的态度（见表 6–5）。

表 6–5　中文传媒 2013—2017 年收益情况

年份	2012 年	2013 年	2014 年	2015 年	2016 年	2017 年
净利润（亿）	5.07	6.37	8.09	10.58	12.95	14.52
营业收入（亿）	100.03	113.87	105.03	116.02	127.76	133.06
营业成本（亿）	84.89	96.27	84.05	74.59	77.40	84.96
投资收益（万）	−1 325.10	1 681.24	4 494.62	7566.73	6 308.66	1.18
财务费用（万）	2 412.31	−472.27	−3 106.94	−4993.02	−6 777.10	1 753.57

数据来源：同花顺财经。

根据表 6–5 所示，2013—2017 年，中文传媒年报的收益数据对比分析可以发现，2017 年净利润为 14.52 亿元，2014 年为 8.09 亿元，与 2012 年、2013 年（即并购的前两年）相比，并购当年、并购后的连续 4 年里净利润均保持逐年稳定上升之势。2014 年，中文传媒在并购当年的营业收入为 105.03 亿元，比 2013年相比营业收入下降了 8.84 亿元，而到了 2015 年营业收入就扭转了下降趋势，上升至 116.02 亿元，2016 年与 2017 年营业收入则继续保持增长态势，2017 年已增长至 133.06 亿元。而营业成本在并购前后 3 年内则呈现稳定的下降趋势，到 2016 年才开始逐渐增长。投资收益在并购后的 2015 年增长趋势更是明显，从 2014 年的 4 494.62 万元增长至 7 566.73 万元，增幅为 3 072.11 万元，增幅接近 2013 年投资收益的两倍，2016 年投资收益出现短暂下滑之后，到 2017 年投资收益更是有了过亿元的大幅度增长。中文传媒的财务费用则在 2013—2016 年期间呈现连年下降趋势，直到 2017 年才开始有所增长。观察表中数据整体上可以发现，2014—2017 年，中文传媒的收入利润是保持着一个稳定增长的趋势，成本费用则得到了有效控制，并购已经发挥出了应有的财务协同效应。通过本次收购中文传媒扩大了股本，使得整体资产规模也上升到了一个新阶段。

（2）经营协同效应角度。

通过本次收购，中文传媒可以在短时间内快速拥有智明星通的互联网新媒体新业态业务的资源、技术、平台等，节省了走内涵式扩大再生产的时间、资源与成本。通过并购，中文传媒将智明星通的管理团队和技术团队与自身运营一并整合，进而能够形成经营协同效应，从而降低生产成本。

中文传媒是老牌出版公司，其主要股东是江西省出版集团，旗下有数家全资出版社。下属的众多子公司在我国的传统传媒市场拥有着很高的占有率，经营水平也位居前列。由于受到互联网新媒体新业态的冲击，下属子公司都在积极的从传统传媒业务向新媒体业务方向转变发展方式。其下属的数十家报刊都经营良好，在本地拥有非常好的市场及资源储备。而智明星通的主要市场与客户都分布在国外，国内市场占有率非常薄弱，智明星通可以利用中文传媒在国内完善的传媒平台，提升自身产品在国内的知名度与影响力。

中文传媒在国内市场发展良好，虽然海外市场却发展不足，但是中文传媒作为老牌出版传媒集团在资源储备上会更富足一些，智明星通可以凭借中文传媒的经营经验和客户资源及资金优势，继续开发网络增值项目，研发广告项目，继续提升自身网络产品的质量，并完善产业链，利用现有资源最大限度的开发自身的发展潜力。同时，中文传媒可以通过智明星通不断地提升新业态业务所占营业收入的比重，不断优化自身的经营结构，加速产业结构的转型升级。

同时中文传媒又可以凭借智明星通在海外发展的丰富经验、国外的众多用户、平台优势等弥补中文传媒自身业务的局限性，大力开拓海外市场，实现"走出去"战略。并且，凭借智明星通的新兴互联网平台优势，可以将自身的各项业务扩张到全国范围内，从简单的广告、推广、印刷、发行等为主的传统传媒业务向互联网新业态业务为主的"全媒体"传媒企业方向转变。中文传媒凭借智明星通在海外市场发展的多年经验与平台，开始开拓海外业务，进军海外市场，增加业务种类，增强自身影响力，通过并购产生的经营协同效应，逐步实现传统出版传媒企业的转型升级。

（3）管理协同效应角度。

中文传媒作为大型出版传媒集团，旗下的出版社、印刷厂、物流公司、期刊杂志发行企业等众多子公司均是以传统传媒业务经营为主，作为大国企本身的组织结构就较为复杂、庞大，人员岗位也存在冗余，企业文化也相对保守、落后。而智明星通的众多子公司都是以经营新媒体新业态业务为主，客户群体也偏向海外，所以企业文化就更加开放，管理上自然更加扁平、高效、国际化。两者在管理结构上有着明显的差异。在并购完成后，智明星通作为下属子公司，主要管理层和治理方式不会有太大改变，而中文传媒则可以受智明星通更开放、高效、国际化的企业文化及管理方式的影响，转型商业模式，经营方式，创建新的平台。通过充分利用管理资源，改进管理方式，从而提升中文传媒的经营效率，适应竞争激烈的市场环境，实现管理协同效应，促进企业的长远发展。

6.4.4　从标的企业业绩角度分析并购溢价的原因

（1）经营业绩良好。

智明星通是国内较早专注于智能手机网络游戏和互联网增值服务开发及运营的企业之一，从创立之初就依靠卓越的研发能力、策划能力，在手机游戏领域保持业界领先地位。截至本次并购活动发生前，智明星通的经营业绩均保持着良好的增长态势，如 2011—2013 年的营业收入与净利润，营业收入从 2011 年的 2.6 亿上升到 2013 年的 6.9 亿，将近增长了 2.5 倍，而利润从 2011 年的 102.29 万元，到 2012 年的 1 224.46 万元，再到 2013 年的 7 605.94 万元，增长将近 75 倍之多，利润的增长幅度远远的超过了收入的增长幅度。中文传媒将其并购前，智明星通的发展前景十分明朗，有着优秀的利润创造力。

（2）市场占有率高。

智明星通是一家常年专注于开拓海外市场的手机游戏企业，其市场和客户均以海外为主。在 2014 年的自创手机游戏公司海外游戏市场效益排行榜上，智明星通以 4.46% 的市场占有率高居第三位。在网页游戏市场效益排行榜上，智明星通以 7.13% 的市场占有率高居第二位。从 2012 年开始，移动网络游戏市场进入火热发展阶段，各个手游研发公司竞相争夺市场，竞争十分激烈。2015 年，智明星通研发的手游《列王的纷争》取得了非常好的市场反应，在北美谷歌畅销游戏排行榜上排名十分靠前，企业排名及市场占有率均有较大提升。另外智明星通的海外免费杀毒软件，互联网导航等各种网络增值服务均被市场低估，智明星通就此进入了市场的高度变现期，用户数量与网站流量飞速上升。随着时间的积累，智明星通客户群的忠诚度也不断上升，在充分了解客户需求的基础上，智明星通还在不断地完善自身产品，在巩固并稳定现有客户群的基础上不断吸引更多的客户进入。

（3）研发能力强。

作为文化企业，创新创意能力是企业发展的灵魂。智明星通在成功经营开心农场、弹弹堂、列王的纷争等一系列手机游戏产品后，创建了从游戏研发、品牌销售、渠道扩展，到客户服务等全面的运作体系，企业游戏的运营能力，研发能力都得到了明显的提升。经过多年的经营积累，智明星通拥有了较为良好的科技创新能力、科研实力、专业人才队伍、品牌优势等诸多宝贵的"轻资产"。在经营过程中，智明星通的经营团队能够对行业的发展趋势进行准确的预判，能够灵活适应市场变化，核心技术的研发能力在同行业也处于领先水平。智明星通优秀的人才队伍、富有创新能力的团队是公司持续发展的强有力保障。

6.5　中文传媒溢价收购智明星通的成果分析

6.5.1　财务协同效应成果

（1）企业盈利能力的提升。

并购后，由于企业的规模效应、良好的整合效果使得企业效益提高，如表 6-6 所示净利润从并购前的 2012 年至并购后的 2017 年一直呈现逐年增长之势，净利润同比增长率，其中同比增长率也只有在 2016 年与 2017 年出现下滑，但是利润仍然保持连年增长的趋势。

表 6-6　并购前后中文传媒财务指标的增长情况

年份	2012	2013	2014	2015	2016	2017
净利润（亿元）	5.07	6.37	8.09	10.58	12.95	14.52
净利润同比增长率（%）	4.88	25.78	26.99	30.75	22.38	12.13

数据来源：同花顺财经中文传媒财报。

　　智明星通作为国内较早专注于手机游戏、移动互联网增值服务的文化类企业，经过多年的经营，已经具有一定程度的品牌知名度，具有稳定的客户资源，庞大的客户群体，完备的科研创新人才队伍，中文传媒将其并购后发挥出了应有的协同作用，促使了中文传媒净利润同比增长率连年上升，企业盈利能力逐渐增强。

　　（2）偿债能力的增强（见表 6-7）。

　　通过表 6-7 和图 6-1 中各指标的变化趋势，可以看出中文传媒的流动比率和速动比率。除了 2014 年下滑之外，整体上均保持增长的趋势，短期偿债能力在这几年里是保持持续增强的。2016 年、2017 年，短期偿债能力又出现了一定程度的下滑趋势，但是整体上还是高于并购前的几年。所以并购后中文传媒的短期偿债能力整体上一直处在非常良好的状态。

表 6-7　中文传媒偿债能力指标变动表

项目	核心指标	年份					
		2012	2013	2014	2015	2016	2017
短期偿债能力	流动比率（%）	1.71	1.83	1.82	2.09	1.92	1.84
	速动比率（%）	0.99	1.15	1.02	1.43	1.37	1.17
长期偿债能力	资产负债率（%）	52.19	48.52	44.10	41.44	40.54	39.49

数据来源：同花顺财经中文传媒财务报表。

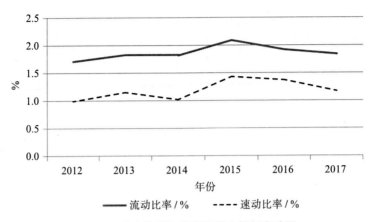

图 6-1　中文传媒短期偿债能力指标变动图

　　资产负债率与债权人的利益保障程度呈负相关，该比率越低说明偿债能力越强，贷款越安全。通过观察图 6-2 得出，2012—2017 年，中文传媒资产负债率逐年稳步下降，表明公司的财务风险越来越小，偿债能力不断增强，经营较为稳健。

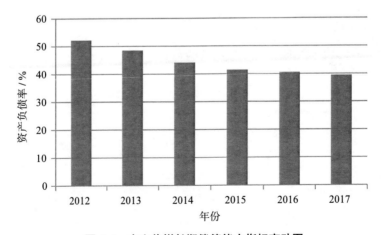

图 6-2　中文传媒长期偿债能力指标变动图

通过并购，中文传媒的短期偿债能力和长期偿债能力均得到了提升，并购发挥出了良好的财务协同效应。智明星通促进了公司效益的提升，使得公司稳步发展。

（3）节税效应（见表 6-8）。

根据图 6-3 和表 6-8 中的各指标趋势变化图观察可以发现，2012—2017 年，中文传媒的利润总额和所得税费用均呈逐年增长之势，但是利润的增长幅度大于所得税费用的增长幅度。除了 2015 年出现下降外，2012—2016 年间实际所

表 6-8　节税效应主要指标变动表

项目	年份					
	2012	2013	2014	2015	2016	2017
所得税费用（万元）	251.01	3526.44	4873.56	5824.43	8887.83	4650.47
利润总额（亿元）	5.22	7.22	9.52	12.20	13.69	14.99
实际所得税税率（%）	0.48	4.88	5.12	4.77	6.49	3.10

数据来源：同花顺财经中文传媒财报。

图 6-3　节税效应各指标变动比较图

得税税率均保持上升，2017年的所得税费用和实际所得税税率出现了下降。所得税费用的缓慢增长及实际所得税税率中间出现的下降都与智明星通作为高新技术企业有关。国家规定对高新技术企业有税收优惠及减免政策，中文传媒在将智明星通收购后，所有新业态业务的收入在2014年、2015年免缴企业所得税，2016—2018年间可减半征收企业所得税。所以，正是由于并购产生的节税效应，才使得中文传媒在并购后所得税费用和实际所得税税率增长十分缓慢，甚至中间出现了下降。

6.5.2 经营协同效应成果

经营协同效应主要指企业通过并购后，借助被收购企业的经营业务与发展平台改进了自身的经营状况，从而提升了企业自身的经营效率。

（1）新业态收入及占比提升（见表6-9）。

新业态是伴随着移动互联网的发展，文化传媒领域新生的一种极具发展潜力的产业，并且随着智能移动设备的普及而不断壮大。而文化传媒产业的新业态主要指影音作品、艺术品、新媒体、手机游戏、网页游戏、互联网网址导航、杀毒软件等各种互联网增值业务。从表格中可以看出中文传媒在并购智明星通前，新业态的收入及占比是接连几年都是非常低下的，直到2015年并购完成，中文传媒的新业态收入才突飞猛进的增长，新业态的营业收入及营业收入占比均在2015年有了较大幅度的提升。

根据图6-4和表6-9，可以发现中文传媒的互联网新业态的比例由2014年的2.12%快速提升至2015年的28.83%，提升了26.71%，金额则从2014年的22 229.86万元提升到334 514.1万元，增长了十几倍，并且可以发现，并购后中文传媒的新业态业务收入与占比均保持在一个较高的水平，其中，2016 年的新业态收入及占比最高也最为明显。与并购之前相比中文传媒的互联网新业态业务的比例有了较大幅度的提升。而传统的出版、印刷、发行业务的占比开始明显下降。

表 6-9　新业态收入及占比变化趋势表

指标	年份					
	2012	2013	2014	2015	2016	2017
新业态营业收入（亿）	0.18	1.27	2.22	33.45	48.50	40.52
新业态营收占比（％）	0.18	1.11	2.12	28.83	38.69	31.26

数据来源：同花顺财经中文传媒财报。

综合来看，新业态营业收入比例的变化已证明公司的收入结构开始优化，传统业务收入占比不断下降，更具有发展潜力的互联网业务得到了快速发展，尤其是手机游戏业务在 2015 年增长幅度最大。这些数据都证明了中文传媒向互联网全媒体业务转型的卓有成效，并购不仅扩大了中文传媒的经营规模，创造了新的利润增长点，还实现了公司的战略转型目标。

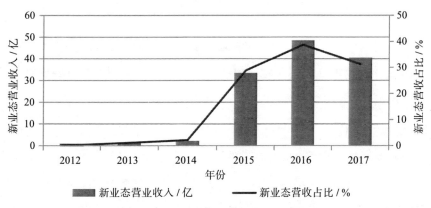

图 6-4　新业态收入及占比变化趋势图

（2）销售比率分析（见表6–10）。

表 6–10　中文传媒销售比率变动表

指标	年份					
	2012	2013	2014	2015	2016	2017
销售毛利率（%）	15.14	15.46	19.98	35.71	39.41	36.15
销售净利率（%）	5.19	6.03	8.6	10.02	10.03	10.91

数据来源：同花顺财经中文传媒财报整理。

销售毛利率是毛利率与销售收入的百分比，主要反映企业单纯销售产品的盈利能力，该指标越高说明企业的盈利能力越强，越具有成本优势，市场竞争力越强。

销售净利率是净利润与销售收入的百分比，主要用来反映一定时期内企业获取销售收入的能力，该指标与获取销售收入能力呈正相关，指标越高获取销售收入的能力就越强。

根据表6–10可知，2012—2017年，中文传媒的这两项指标除了销售毛利率在2017年出现轻微下降外，其他时期都是持续上升的。在2015年并购完成的头一年，这两项指标的增长幅度最为巨大，尤其是销售毛利率在2015年高达35.71%，比上年提升了15.73%，并购完成后的2015—2017年均保持在35%以上。说明并购后中文传媒获取销售收入的能力、盈利能力及市场竞争力都得到了显著的增强。

（3）资产报酬率及净资产收益率分析。

资产收益率是净利润与股东权益的比率，是用来衡量股东权益的收益水平和自有资本的使用效率，该指标与公司投资收益呈正比；资产报酬率是企业一定时期内获得报酬总额与资产总额的比率，该项指标与企业投入产出的水平呈正比。

表 6–11　中文传媒盈利能力指标变动表

指标	年份					
	2012	2013	2014	2015	2016	2017
资产报酬率（%）	10.15	10.18	12.46	10.93	11.21	11.68
净资产收益率（%）	13.13	12.33	12.32	11.54	12.51	12.49
净资产收益率同比增长率（%）	2.29	−14.34	13.57	−14.09	8.58	1.15

数据来源：同花顺财经中文传媒财报整理。

　　这两项指标用来反映企业的盈利能力及股东权益收益水平，根据对指标的分析可以对企业资产的使用状况进行评价，对其状况进行调整，从而优化资源配置。根据表 6–11，可以发现中文传媒的资产报酬率从 2012—2017 年间一直呈增长趋势，其中并购当年 2014 年增长最为明显，说明中文传媒在并购当年利用自有资本收购资产的使用效率有所提升。通过观察净资产收益率的变化趋势还可以发现从并购前的 2012 年至并购后的 2017 年，除了 2013 年、2016 年呈上升趋势外，其他几年均呈下降之势。造成这种下降趋势的原因是，并购完成后，中文传媒营业收入和利润总额的增长速度低于总资产的增长速度。这次并购为企业带来了一定的收入和利润支持，盈利能力在并购后有所发展。

　　总之，中文传媒在收购智明星通后，资产利用率得到了一定程度上的提升。并购双方的各项资源得到了有效的整合，并购发挥出了不错的协同效应。企业的发展战略得到了落实，经营方式与企业布局也得到了优化，比过去更加能够适应严峻的市场竞争。

6.5.3　管理协同效应成果

　　企业的管理水平与人力资源管理直接挂钩，人力资源的优化整合对于企业的并购重组至关重要。并购会使得双方的人力资源合二为一，将重复性的人员岗位精简掉有助于管理层指令的快速下达，收到的反馈也会更加及时。并购整合提升了管理效率与管理水平，在降低管理成本的同时提升了企业的经济效率，防止了管理资源过剩，实现了管理的协同效应。

并购后，中文传媒依据工作职能、人员岗位等将智明星通及自身的人员配置进行了调整，裁掉了冗余的岗位。智明星通作为文化传媒企业中的高科技文化企业，核心人才团队包含着游戏业务的研发、互联网导航及杀毒程序的编制等关键性业务的研发及运营岗位。中文传媒为了保证智明星通的研发与运营，使得并购发挥出更好的管理协同效应，在并购过程中，保留了智明星通主要人才队伍的岗位，而对行政管理类的岗位进行精简。这就保证了智明星通的持续发展力，使得在并购后竞争力变得更强。

并购整合后所发挥的管理协同效应主要取决于以下三方面，一是过剩管理资源的充分利用、二是管理费用的节省、三是企业经营效率的提高。通过对中文传媒并购前后的管理能力指标分析来衡量出本次并购所发挥出的管理协同效应。

（1）费用管理水平分析（见表 6–12）。

根据表 6–12 和表 6–13 可以发现，中文传媒在 2015 年的销售费用为 17.07 亿元，比 2014 年的 3.12 亿元增长了 447% 之多，2016 年销售费用更是增长到了 19.11 亿元。销售费用的增多主要是因为并购完成后 2015 年、2016 年对智明星通投入了大量的广告费用，因为游戏业务持续性强，广告带来的销售增长见效慢，因此，营销费用的作用会在较长时间后才能体现出来。同时期，管理费用从 2014 年的 8 亿元快速增长到 2015 年的 11.55 亿元，同比增长 44.5%，且并购后 2016 年、2017 年管理费用比并购前增长的更为明显，费用额度也更加巨大，到了 2017 年管理费用已经高达 20.23 亿元。

表 6–12　中文传媒费用管理水平变动表

项目	年份					
	2012	2013	2014	2015	2016	2017
管理费用（亿元）	6.69	7.42	8.00	11.55	16.54	20.23
销售费用（亿元）	2.69	2.52	3.12	17.07	19.11	10.85
财务费用（万元）	2 412.31	−472.27	−3 106.94	−4 993.02	−6 777.10	1 753.57
营业收入（亿元）	100.03	113.87	105.03	116.02	127.76	133.06

表 6–13　中文传媒费用率变动表

项目	年份					
	2012	2013	2014	2015	2016	2017
管理费用率（%）	6.69	6.51	7.61	9.96	12.95	15.21
销售费用率（%）	2.69	2.21	2.97	14.72	14.96	8.15
财务费用率（%）	0.24	−0.04	−0.30	−0.43	−0.53	0.13

数据来源：同花顺财经中文传媒财报整理所得。

　　费用率指标与企业的管理水平呈反比，这两项费用率越低，说明企业的管理工作做得越好，相反，越高则说明企业的管理工作做的越不到位。

　　管理费用方面，从 2014 年并购完成后中文传媒每年的管理费用都在大幅度的增加。根据中文传媒年报得知，企业管理费用增加主要有两个原因：其一，智明星通是互联网高新技术企业，每年的自主研发费用占了管理费用的很大比重，相对于收入的增长速度来说，管理费用的增长速度更快。研发费用也不能在短时间内转换成销售收入；其二，根据中文传媒的财务报表分析得出，并购活动发生后，企业每年的管理费用中的办公费、折旧费、运输费等费用并没有得到很好地控制。因此，中文传媒今后在研发成果转换方面应当有所提高，并加强办公、折旧、运输方面的费用控制。

　　销售费用方面，中文传媒在并购前后的销售费用率一直呈上升趋势，主要是因为游戏及互联网产品的营销推广费用占了当年收入的较大比重，并且企业合并使得相对应的职工薪酬、广告费用等都有所增加。

财务费用方面，从 2013 年开始中文传媒的财务费用就开始了负增长，直到 2017 年财务费用才出现正数，从中文传媒相关年报得知财务费用的负增长主要是因为利息收入增加所导致。

（2）运营能力分析。

存货周转率为企业一定时期内主营业务成本与平均存货余额的比率。应收账款周转率为企业一定时期内销售收入净额与应收账款平均余额的比率。反映企业应收账款的周转速度。应收账款属于流动资产，应收账款周转率的提高，也就是说应收账款能够及时收回的话，将会大幅度提升企业资金的使用效率。

从表 6-14 中各项指标的变动，可以看到中文传媒的应收账款周转率和存货周转率在并购前后几年均有增有减，变化幅度大致相同，这说明中文传媒在并购后，营业收入有所提升之时，没能够采取相应紧缩的应收账款政策，这可能会增加公司因资金流通不畅而带来的风险。

表 6-14　中文传媒运营水平指标变动表

项目	年份					
	2012	2013	2014	2015	2016	2017
应收账款周转天数（天）	32.43	27.66	32.58	45.08	44.62	36.45
应收账款周转率（次）	11.10	13.02	11.05	7.99	8.07	9.88
存货周转天数（天）	26.78	24.14	38.01	50.01	45.63	43.98
存货周转率（次）	13.44	14.91	9.47	7.20	7.89	8.19
总资产周转率（次）	1.25	1.12	0.86	0.77	0.70	0.68
流动资产周转率（次）	1.87	1.56	1.18	1.13	1.11	1.09
流动资产周转天数（天）	192.64	231.39	305.94	319.32	322.93	329.94

数据来源：同花顺财经与网易财经个股中文传媒财报整理所得。

　　总资产周转率为销售收入与企业总资产的比率，用来反映企业的全部资产从投入到产出的流转速度，总资产周转率与销售能力呈正比，销售能力越强，周转率就越高。这项指标主要用来衡量企业的资产运营效率与管理质量。

　　根据表 6-14 可以看出中文传媒的总资产周转率和流动资产周转率均呈现逐年下降的趋势，从 2012 年起持续下滑。周转天数则从 2012—2017 年整体呈现增多的趋势，根据中文传媒相关年报资料得知这是由两方面原因造成的，其一，中文传媒自身原有的传统传媒业务发展受阻，存货积压、商品滞销，市场饱和，相关业务导致的资金周转困难拉低了企业的整体运营能力；其二，对智明星通的收购使得企业的总资产在较短的时间内发生了大幅度的增加，该增长幅度大于营业收入的增长幅度，所以间接的导致了总资产周转率的下降。

　　所以，结合中文传媒年报及运营能力分析得出，中文传媒在并购前后并没有高效率的分配资金才导致各项周转率指标的下降。如传统业务如出版、印刷和物资贸易等业务的市场份额近乎饱和，并且受新业态业务挤兑，就应当减少这些业务的资金分配；相反的，盈利能力较强，市场又有待进一步开发和完善的新媒体新业态业务则应当投入更多的资金。

　　总而言之，中文传媒通过此次并购，并没有提升自身的运营能力水平，各项周转率指标均存在下滑的趋势，管理协同效应并没有得到完美的发挥。

6.5.4　无形资产协同效应成果

　　无形资产的协同效应指有形资产所不具有的独特性能，如专用性、稀缺性、不可复制性等。主要体现在以下三个方面。

（1）文化协同效应。

企业文化优秀开放的一方会对企业文化保守较差的一方进行影响，改良其企业文化环境，形成更为标准的价值取向与员工凝聚力和企业文化。中文传媒作为我国的国有传统出版传媒集团，发展历史悠久，难免受自身国有企业的性质及历史因素的影响，自身企业文化氛围较为保守、复杂，致使办公效率低下。相反，智明星通作为近些年刚成立的新兴互联网高新技术企业，经营业务也以海外市场为主，企业文化氛围整体上更加开放、先进、精简，从而企业的整个办公环境会更加的扁平、高效。并购完成后，智明星通高效、先进、开放、精简的文化氛围会对中文传媒传统、保守、复杂的文化氛围形成冲击，促使中文传媒进行学习，精简办公管理系统，去除国企内纷繁复杂的流程，使得中文传媒的办公文化环境更加的国际化，从而提升员工的凝聚力，形成更优秀的企业文化。

（2）技术协同效应。

主要指并购双方共享科技方面的资源及成果，实现并购双方在技术上的整体提升，从而提升经济效率。中文传媒在并购前经营业务较为传统，虽然自身发展历史悠久，但是受到互联网、新媒体、新业态的冲击，传统业务的未来市场发展十分有限。如果中文传媒想要通过自身的资本积累来顺应互联网时代全媒体、新业态的发展的话，那么不管是在时间上还是资本上都十分的困难，而对智明星通的并购则可以大大缩短和节省这部分时间成本和资金成本。智明星通作为国内发展较好的新兴互联网企业，在新媒体、新业态方面都有着十分成熟的科研团队、技术成果、用户市场等，中文传媒能够在并购后借助智明星通的科研技术优势及成熟的海外市场，直接发展新媒体、新业态等互联网增值业务，提升新兴业务所占的营业比重，优化企业经营结构，进而提升了自身的经济效益。

（3）品牌协同效应。

主要指弱势品牌的企业通过并购借助强势品牌企业的影响力进行市场建设，从而发挥无形资产的协同效应。中文传媒作为发展历史悠久的国有出版传媒集团，自身的传统传媒业务在国内市场已经发展的非常完善，不管是品牌还是国内市场都已经十分成熟，不足的是产品出口较少，海外市场有待进一步开拓，还是以国内为主；而智明星通则恰恰相反，智明星通的主要客户市场是以海外为主，国内市场非常有限，业务也是以新媒体时代互联网增值服务、游戏业务为主，传统的传媒业务未曾涉猎。也就是说在并购前，中文传媒的品牌是以国内传统媒体市场为主，智明星通的品牌则是以海外市场的新媒体、新业态业务为主。并购能够使得并购双方互相借助对方的优势，弥补自身发展的不足之处。如中文传媒可以借助智明星通的海外品牌优势，发展自己的海外业务，开拓自己的海外市场；而智明星通则可以借助中文传媒的资深国内传媒集团的品牌优势，完善自己的国内市场，开发国内的用户群体。并购双方各取所长，从而发挥出并购的无形资产协同效应。

6.5.5　智明星通承诺业绩的完成情况

中文传媒在对智明星通进行并购价值评估时，对其 2014—2016 年的经营实际净利润进行了预测，并根据预测结果来确定企业的未来现金流量，从而做出高于账面价值 28 倍的溢价并购。为了保障智明星通在未来的盈利水平，降低高溢价对未来经营造成的风险，并购双方签订了双层对赌协议（见表 6-15）。

表 6-15 中文传媒 2014—2016 年实际净利润

项目	年份		
	2014	2015	2016
预测（万元）	15 101.00	20 205.00	25 100.00
实际（万元）	15 405.42	32 895.11	59 658.81
差异（万元）	304.42	12 690.11	34 558.81
实现程度（%）	102.02	162.81	237.68

数据来源：中文传媒关于北京智明星通科技股份有限公司业绩承诺实现情况的公告。

根据智明星通签订的《盈利预测补偿协议》，智明星通承诺于 2014 年、2015 年、2016 年的经营实际净利润应分别达到：15 101 万元、20 205 万元、25 100 万元。通过表 6-15，中文传媒发布的关于北京智明星通科技股份有限公司业绩承诺实现情况公告可以看到，2014—2015 年，智明星通实际净利润均是超过业绩从承诺额超额完成的，在 2015 年完成情况高达 162%，到了 2016 年业绩承诺完成情况甚至高达 238%，比预测业绩的两倍还要多，至此，智明星通的承诺业绩圆满完成。可见，在当初的并购估值时，中文传媒对智明星通的盈利情况作出的估计具备合理性，并且支付高额的溢价也是有依据的。

6.5.6 并购后的市场反应

（1）股价变动。

2014 年 6 月 24 日，中文传媒正式公布了本次并购中股份支付和现金支付预案，公布当天公司股价就涨停。随后的较长时间里，中文传媒的股价整体上就一直保持着上升的趋势，2014—2017 年，公司的股价增长了 4 倍之多。

对智明星通的并购使得中文传媒的股价有了非常明显的上涨，虽然股价上涨有股票市场自身的因素，但是最重要的是资本市场对此次并购活动的认可。互联网、游戏和新媒体业务始终是发展前景非常看好的领域，是投资者们认可的市场焦点，所以市场并没有对中文传媒支付高溢价收购智明星通而质疑。相反，市场认可了并购活动未来产生的高成长性，股民们希望从中文传媒对互联网游戏企业的并购发展中分得一杯羹。资本市场的良好表现使得中文传媒更加明确自己的发展战略，实现公司的未来规划。资本市场认为中文传媒对智明星通的并购估值是正常的，符合行业发展趋势。

（2）事件法的股价变动短期成效分析。

事件研究法主要是用来研究并购活动发生时股票市场及公众对本次并购的短期反应，反应方式为股价的变动。具体为通过选择事件窗口、估计市场模型参数、计算预期收益率和实际收益率，对超额收益率进行检验性分析。事件研究法主要研究当市场上某一件事发生时，股价是否会产生波动及市场会迅速高效地把发生事件公司的价值信息反映出来，并以股价变动的形式表现出来。股价的变动会在一定程度上说明公司的经营及财务状况。股价及收益率的变动也能够说明该事件对公司的影响。

在并购活动中，如果公众认为此次并购是正确的，预期会为企业带来协同效益，那么公司的股价就会上涨，股票收益率也会提升。相反，如果公众不看好这次收购，认为并购不会带来收益，且可能导致公司经营效益下降，那么股价就会下跌，收益率也会降低。所以，事件研究法主要是通过观察并购发生前后，公司前后股价的变动情况来判断并购的效果。

2014 年 6 月 24 日，中文传媒正式宣布收购智明星通，那么该日就是事件日。选取该日前后的 15 天作为事件窗口期，观察公众对并购事件的反应及股价在这个时间段内的波动。采用市场模型来计算股票的预期收益率。计算公式为：

$$R_t = \alpha + \beta RM_t \tag{6–1}$$

其中 R_t 为企业股票在第 t 个交易日的收益率，RM_t 为第 t 个交易日的市场收益率，由于中文传媒是在上证 A 股上市的，所以市场数据 RM_t 采用同期上证综指的数据。其中 α 和 β 为线性回归模型的待估计参数，收益率 R_t 的计算公式为：

$$R_t = \frac{P_t - P_{t-1}}{P_{t-1}} \tag{6–2}$$

P_t 为企业股票在 t 日的收盘价，P_{t-1} 为企业股票在 $t-1$ 日的收盘价，R_t 为股票在 t 日的收盘价和 $t-1$ 日收盘价的差额与股票的 $t-1$ 日的比率及股票在 t 日的收益率。

为了估计较为准确的 β 系数，以 [-15，15] 为估计窗口，并加以检验，其中 β 的计算公式为：

$$\beta = \frac{\sum_{-15}^{t} RM_t R_t - n\overline{RMR}}{\sum_{-15}^{t} RM_t^2 - n\left(\overline{RM}\right)^2} \tag{6–3}$$

$$\alpha = \overline{R} - \beta\overline{RM} \tag{6–4}$$

其中 $\overline{RM}$ 为事件窗口期市场收益率的平均值，$\overline{R}$ 为中文传媒的股价在事件窗口期内的平均值。经过计算得出 $\beta=1.6835$，$\alpha=0.0022$ 及该线性回归方程为：

$$\widehat{R_t} = 1.6835 RM_t + 0.0022 \tag{6–5}$$

$\widehat{R_t}$ 为中文传媒个股在事件窗口期内第 t 个交易日的预期收益率。

通过回归参数计算出事件窗口期的预期收益率 $\widehat{R_t}$，从而可以得到超额收益率（AR）和累计超额收益率（CAR）。

$$AR = R_t - \widehat{R_t}, CAR = \sum\nolimits_{-15}^{t} AR_t \qquad (6\text{--}6)$$

通过表 6–16 和图 6–5，观察中文传媒超额收益率和累计收益率的走势可以发现，中文传媒在发布收购智明星通前，在事件窗口期的前半段 [–15，–1]，其超额收益率与累积超额收益率整体上呈下降趋势。收益率基本上在 0 上下波动。而公告发布之后，超额收益率 AR 和累计超额收益率 CAR 均出现迅速增长，尤其是累计超额收益率，增长趋势非常明显。在公告日后的 10 天内企业股票的累积超额收益率几乎一直保持在 10% 以上，其他日也均是正幅波动。其中累计超额收益率在公告发布后的第六天增长到了峰值 16.32%，随后随着时间的推移，超额收益率 AR 与累计超额收益率 CAR 均开始下降，回归平缓状态，在事件窗口期的后半段 [1，15] 除了最后一天其他均在 0 以上。根据资本资产定价模型的假设，企业收益相对独立，且服从正态分布，检验 CAR 与 0 是否存在显著差异。如果 CAR > 0，则说明该事件对企业股价有正面影响，反之，如果 CAR < 0，则说明该事件对企业股价有负面消极的影响。中文传媒在的超额累积收益率在公告日之前保持负低位，而收购消息披露后迅速上升为正，此后保持在高位。仅在窗口期的最后一天略微低于 0。这跟窗口期选择的长短也有关联。总之，这都表明了公众对中文传媒的这次收购活动十分看好，公司获得了正的财富效应，公司价值得以增加。并购事件从短期来看是利好消息。

表 6–16　中文传媒并购智明星通绩效的短期影响

项目	RM_t	R_t	$\widehat{R_t}$	AR	CAR
–15	–1.75%	5.15%	–2.73%	7.88%	7.88%
–14	–2.04%	–4.74%	–3.21%	–1.53%	6.35%
–13	0.35%	–1.31%	0.81%	–2.12%	4.24%

项目	RM_t	R_t	$\widehat{R_t}$	AR	CAR
−12	0.30%	−2.15%	0.73%	−2.88%	1.36%
−11	0.44%	−3.04%	0.96%	−4.00%	−2.64%
−10	0.92%	0.35%	1.77%	−1.42%	−4.06%
−9	−0.18%	1.39%	−0.08%	1.47%	−2.59%
−8	−0.89%	0.86%	−1.28%	2.14%	−0.45%
−7	0.32%	1.19%	0.76%	0.43%	−0.02%
−6	−0.08%	0.92%	0.09%	0.83%	0.82%
−5	−2.86%	−9.40%	−4.59%	−4.81%	−3.99%
−4	0.10%	0.73%	0.39%	0.34%	−3.65%
−3	−0.17%	−0.09%	−0.07%	−0.02%	−3.67%
−2	1.07%	2.19%	2.02%	0.17%	−3.50%
−1	−0.73%	−2.59%	−1.01%	−1.58%	−5.08%
0	0.47%	10.72%	1.01%	9.71%	4.63%
1	−0.41%	8.77%	−0.47%	9.24%	13.87%
2	0.65%	0.08%	1.31%	−1.23%	12.63%
3	−0.11%	−0.99%	0.03%	−1.02%	11.61%
4	0.58%	1.77%	1.20%	0.57%	12.18%
5	0.10%	−1.81%	0.39%	−2.20%	9.98%
6	0.44%	7.30%	0.96%	6.34%	16.32%
7	0.18%	−1.65%	0.52%	−2.17%	14.15%
8	−0.19%	0.58%	−0.10%	0.68%	14.83%
9	0.03%	−3.69%	0.27%	−3.96%	10.87%
10	0.20%	0.68%	0.56%	0.12%	10.99%
11	−1.23%	−5.30%	−1.85%	−3.45%	7.54%
12	−0.01%	−1.18%	0.20%	−1.38%	6.16%
13	0.42%	2.00%	0.93%	1.07%	7.23%

续表

项目	RM_t	R_t	$\widehat{R}_t$	AR	CAR
14	0.96%	−2.58%	1.84%	−4.42%	2.82%
15	0.18%	−2.33%	0.52%	−2.85%	−0.04%

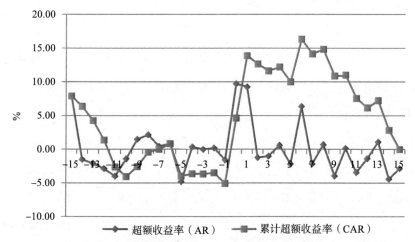

图 6−5　中文传媒并购事件窗口期内超额收益率（AR）
与累计超额收益率（CAR）变化趋势图

6.6　结论与建议

6.6.1　研究结论

通过对中文传媒并购智明星通案例的研究分析，发现，虽然中文传媒支付了超高的并购溢价，但是从并购的原因及结果分析来看，此次并购的预期、并购溢价与并购结果相符合，对智明星通的价值评估处于科学合理的水平。

本次并购的溢价率高达 28 倍，几乎接近 30 倍。并购溢价的高低取决于并购的评估价格与企业资产的账面价值差额。文化传媒企业的高溢价与自身轻资产运营为主的特征是分不开的，而这些轻资产均表现为大量的表外资产，这些表外资产正是决定文化传媒企业经营成功与否的决定因素。只是受制于目前的会计计量方式，这些轻资产的价值不能在财务报表中合理的反映出来。所以，文化传媒行业的高溢价并购并不代表行业处于不良并购环境中，对待文化传媒行业的高溢价并购还是要保持一定的客观态度。

从这次并购的结果来看，这次并购活动显然是成功的。首先，中文传媒股价的一路上涨说明了公众对此次并购的看好和认可，市场的良好反映也增加了股东的财富；其次，智明星通 2014—2016 年的业绩承诺均超额完成，并购后智明星通的经营业绩十分良好，支付的高溢价得到了补偿，并购的协同效应得到了很好的发挥；最后，中文传媒通过并购借助智明星通的互联网方面成熟的高新技术及海外市场优势，实现了从传统传媒向"全媒体"发展方向的转变，"新业态"业务得以拓展，传统传媒业务比例得以下降，整体经营业务得以优化，产业链得以完善，企业的经营风险也得以降低，中文传媒向"互联网＋"时代新媒体新业态的发展战略得到了很好的实施。

6.2　建议及启示

随着移动互联网的发展，以移动媒体、数字阅读、网络期刊等新媒体的出现，对传统的出版传媒形成了巨大冲击，以出版、印刷、发行、物资贸易业务为主的传统传媒企业面临着转型升级的危机。在新形势下,如何跟紧时代的步伐、实现企业经营的转型升级、寻求新的利润增长点成为传统传媒企业亟待解决的问题。希望在此提出的一些建议与启示能够为日后的文化传媒行业的并购产生借鉴意义。

(1)签订业绩承诺协议,预防溢价风险。

虽然并购支付了高额的溢价是对文化传媒领域及智明星通发展前景的认可,但是标的企业作为互联网游戏企业,行业内竞争激烈,行业内模仿能力强,同质化的产品及服务充斥着整个市场,游戏产品自身更新换代速度又快,行业风险十分显著。在对并购进行评估时,一方面要对未来的发展前景做好预期,分析并购能够带来的收益;另一方面也要对并购中存在的风险,未来效益的不明确性做好打算。而签订业绩承诺就是对上述风险及不稳定性的有效管控手段,如果业绩承诺得以实现,那无可厚非,如果业绩承诺没能实现,那么主并企业就可以通过签订的协议获得一定的资金补偿,减少高溢价所带来的经营风险。

(2)注重并购后的整合。

并购交易的完成只是并购整合的开始,只有良好的整合工作才能发挥出并购带来的协同效应,企业的绩效才能得以提升。相反,失败的并购案例大多是因为后续整合工作没有做好。所以,注重并购后双方在管理资源、人才队伍、企业文化等各方面的高效整合才能发挥出协同作用,达成并购的最终目标。

并购后的整合又分为:人力资源整合、企业文化整合、管理层整合等,企业不仅要注重并购双方优势资源的整合,同时还要注重自有的科研技术、业务渠道等的维护。每个企业经过自身的长期发展,都形成了独特的经营方式与管理理念,这是深入到企业内部的,如果并购整合时简单的套用一方的经营管理方式到另一方的话,很可能降低并购整合的有效性。因此企业在并购整合时应当认真比较各个经营模式的优缺点，在不损害原来企业利益的基础上，对并购双方经营管理模式进行优化整合，从而促进并购的成功。

战略整合是并购整合的前提，在了解目标企业的发展战略及经营状况后，将其纳入企业发展战略之中，使主并企业与目标企业的发展战略目标统一，形成一个相辅相成的战略体系。

人力资源整合是指对并购后并购双方的职能人员进行详细划分，明确各部门职责、避免人员岗位职责冲突、人力资源的过剩与浪费，精简办事机构。同时注重公司专业团队素质的训练，去粗取精，发挥出并购后的管理协同作用。

财务整合是并购整合的核心；文化作为企业内部的灵魂，文化整合也相当重要。并购后通过整合双方的战略、人力资源、文化、财务等各个方面的资源，才能促使预期效益的达成。

（3）充分考虑协同效应的实现情况。

企业并购的目的是在未来发展中创造更大的收益。未来的发展中能够创造更大的价值。而决定并购价值能否实现及实现的程度很大程度上取决于协同效应的实现情况。所以，主并企业在确定并购交易价格时，不仅要考虑企业的经营业绩、发展前景、也要考虑协同效应能够产生的价值。主并企业应当充分考察目标企业的发展战略、财务、经营管理、人力资源等多个方面，确定合理的并购价格，促进并购协同效应的实现。

在此次并购中，中文传媒明确自己的发展战略，制定了向"互联网+"转型的升级计划，目标清晰，并购就是为了开拓新媒体、新业态业务。在并购目标的选择上，中文传媒也充分考虑了协同效应的实现可能性，选择了发展已经较为成熟的互联网游戏公司智明星通，这样中文传媒就能够直接获得目标公司的科技、资源、市场等优势，对其并购可以直接反哺公司，形成较好的经营协同效应。在财务协同效应方面，考虑到国家对高新技术企业的税收减免优惠政策，中文传媒选择智明星通作为并购目标，可以带来一定的节税效应。并且智明星通作为互联网游戏企业正好与以传统传媒业务为主的中文传媒形成优势互补，促进双方的发展，从而促使了并购协同效应的实现。

（4）抓住政策机遇，积极并购转型，提升自身竞争力。

在新时期，由于新媒体的到来对传统文化传媒企业的发展造成了巨大的冲击。我国政府为了增强国家文化软实力，促进文化产业的大发展大繁荣，出台了一系列的利好政策，促使文化产业转型升级。传统的文化传媒企业应当审时度势，抓住机遇，积极响应国家政策的号召，借助国家的利好政策，顺势调整产业结构，改善业务类型，促进企业自身的长远发展。

在新形势下，传统传媒企业应当加快转型发展，积极与互联网企业进行融合，以"互联网＋"为方向，以数字技术为支撑，转变发展观念，优化业务结构，重点发展新媒体、新业态业务，提升互联网新业态业务的比重。积极向企业文化更开放，管理更高效的新媒体新业态为主的新兴传媒企业学习，适应互联网时代带来的巨大改变。在新的时代运用全新的思维与方式抓住弯道超车的机会，推动传统传媒与新兴传媒的一体化发展，使得企业在未来的发展中赢得机会，提升企业的市场竞争力，迎接行业的冲击与挑战。

第 7 章　中国出版传媒企业并购风险评估与控制

7.1　出版传媒企业并购风险的识别

7.1.1　前期战略风险识别

（1）战略决策风险。

并购使许多出版传媒企业得以迅速汇聚资源、延伸业务领域，从而改变了其发展轨迹。并购固然是一种有效的战略工具，在出版传媒企业发展战略的贯彻实施中一直发挥着重要的作用，但是，并购过程中的风险因素非常复杂，对主并企业自身资源和能力都缺乏清醒的认知，由于信息不对称，对标的企业及其所处行业的未来发展不能作出客观评价，对其他各方势力及外部政策环境变化等未作出合理预期并未纳入考量范围都可能遭遇战略决策风险而导致并购失败。

为了快速发展壮大，企业可能在并购战略决策准备不充分的情况下实施并购，由此带来战略决策风险而导致并购失败。新华传媒就是一例。2014 年年底，新华传媒审议通过将公司持有的新华成城 40% 股权转让给上海新华发行集团有限公司以获取新华发行"特定股东债权金额"时所对应的全部债权。截至 2017 年 7 月，上海新华发行集团有限公司与重要股东绿地集团在新华传媒重大资产重组方案涉及的风险承担等关键问题上，各方利益诉求不同，在交易前就事项中部分核心条款无法达成一致，导致并购方不能在 3 个月内完成此次并购相关工作，无法出具重组预案，由此决定终止上海新华发行集团有限公司并购上海新华成城资产管理有限公司。此次并购历时 3 年之久，新华传媒并购前如果制订详细的战略规划，对于可能出现的问题进行预测，并及时与新华发行股东进行沟通，可能就不会出现把战线拉得如此之长，使得重组预案无法及时出具，最终造成并购终止的后果。[35]

战略决策风险还包括对企业的目标选择风险。出版传媒业进行跨行业并购，其原因很大程度上在于想通过并购寻求新的领域，扩大产业布局，以此增强企业实力。出版传媒业有自己的独特资源和经营模式，在对目标企业不了解的情况下，进行盲目并购，多数会以失败告终。如果被并购方属于行业外企业，因行业之间的差异性，导致并购方收集信息的准确性较差，并购方不了解被并购方的行业信息，只能通过网络及目标公司出具的报告来获取信息。在利益促使下，被并购方则会刻意去隐瞒信息或是不完全披露，从而提高了企业的并购风险。中国出版传媒业处于亟待变革的发展阶段，急于通过跨行业并购来实现企业转型升级，如果在众多信息中不加斟酌，主观臆断，不考虑自身规模与管理是否匹配的问题，则会导致并购失败。

以下将以天舟文化为例。2017 年 12 月 1 日，天舟文化发布关于终止重组事项的公告，终止对于北京初见科技有限公司（以下简称初见科技）73% 股权的收购。这一收购案，是为完善天舟文化在泛娱乐板块的战略布局，并与神奇时代、游爱网络形成协同而启动的战略性并购，以实现对北京初见科技有限公司 100% 控股。并购初见科技并非天舟文化首次涉足游戏领域，早在 2014 年，天舟文化便斥资 12.54 亿元收购了神奇时代。评估报告显示，截至 2013 年 6 月 30 日，神奇时代净资产账面值为 5 697.70 万元，对应收购价，本次并购的溢价率高达 21 倍。不过，本次并购确实在天舟文化主业发展前景不明朗之时，给其带来了业绩的增长。财报显示，2014—2016 年，神奇时代分别为天舟文化贡献净利润分别为 9 808.98 万元、1.54 亿元和 1.63 亿元，占利润总额比重分别为 82.95%、87.18% 和 66.8%。

资料显示，初见科技成立于 2014 年 5 月 21 日，由自然人方小奇和叶东瓒分别出资 790 万元和 210 万元共同设立。2016 年 6 月，初见科技控股股东方小奇出于对公司未来业务发展的考虑，决定收购部分股权以增加对初见科技的控制，据推算，彼时初见科技的估值仅为 5.55 亿元。一年后，即 2017 年 6 月，方小奇将标的公司 12% 的股权转让给了天舟文化，转让价格为 1.44 亿元，这时标的公司的估值涨至 12 亿元。此后不久，天舟文化再次公告称将购买初见科技 73% 的股权，作价 11.78 亿元。在一年多的时间中，初见科技的估值翻了近 3 倍。这一估值水平，对于游戏行业的市场空间，对于初见科技自身的资源储备、竞争优势及行业地位均有较高要求。初见科技难以达到上述要求，在终止重组的公告中，天舟文化称交易双方未能就本次重组的核心条款（交易价格和业绩承诺等）达成一致意见，因此导致本次交易难以继续推进实施。接连终止收购青云互动及初见科技也意味着天舟文化进一步布局游戏发行渠道的尝试遭遇挫折，从游戏的研发、发行到运营的全产业链布局仍需时日。[36]

（2）价值评估风险。

出版传媒企业在进行并购过程中，并购方会根据相关信息对目标方进行价值评估，一家企业的价值包括它的有形资产和无形资产，所以对目标公司的定价尤为困难，既要评估有形资产，又要对商誉等无形资产进行估值，如果无法正确使用评估技术或者评估人员因利益驱使而进行不切实际的评估，都会使公司的价值偏离其真实性。具体而言，目标公司希望评估的价值可以无限高，但这会严重影响并购方的利益；同时，并购方希望出资少，往往会压低评估价值，这就会导致谈判的破裂而失败。因此如何合理地评估价值，避免估值风险是尤为重要的。

通过对 2011—2016 年出版传媒企业跨行业并购案例进行分析，可以发现很多已披露定价方式的企业采用收益法对目标公司进行评估。采用收益法进行评估的基础是对企业未来几年内的经济收益流量进行解析和估算。所以，收益法需要清楚地了解企业未来几年的财务数据。[37] 一般情况下，大多数财务数据都是由目标公司提供或者从审计报告中获得，有可能在利益的驱使下，会出现虚增资产、高估利益的现象，由于信息不对称，很可能造成高估整个企业的价值。并且收益法以预测的未来现金流量与折现率为核心，而对未来效益的估测是一种主观行为，从而增大评估的风险（见表 7–1）。

表 7–1　2011—2016 年出版传媒企业跨行业并购案例

序号	获得方	被并购方	定价方法	结算方式
1	中南传媒	湖南湘民国际旅行社有限公司	收益法	现金
2	博瑞传播	成都中小企业融资担保有限责任公司 20% 的股权	资产基础法	现金
3	博瑞传播	成都中小企业融资担保有限责任公司 81.034% 的股权	收益法	现金，资产
4	博瑞传播	成都泥巴科技有限公司 35% 的股权	—	现金

序号	获得方	被并购方	定价方法	结算方式
5	博瑞传播	北京漫游谷信息技术有限公司 70% 的股权	收益法	现金
6	博瑞传播	常州天堂网络科技有限公司 56% 的股权	—	现金
7	博瑞传播	上海晨炎信息技术有限公司 100% 的股权	收益法	现金
8	长江传媒	湖北长江盘古教育科技有限公司 65% 的股权	—	现金
9	南方传媒	位于广州市海珠区琶洲西区编号为 AH040245 的国有建设用地使用权	—	现金
10	读者传媒	华龙证券股份有限公司部分股权	收益法	现金
11	凤凰传媒	江苏顺源集团有限公司持有的江宁殷巷物流园仓库及附属物	—	现金
12	凤凰股份	南京凤凰地产有限公司开发的坐落于南京市白下区太平南路与白下路交界处的凤凰和睿大厦 17 层、18 层及 19 层商品房	—	现金
13	凤凰股份	镇江市"绿竹巷片区棚户区改造项目"地块使用权	—	现金
14	凤凰股份	TX2013–3 地块使用权	—	现金
15	凤凰传媒	合肥国土资公告〔2012〕第 34 号所出让的 S1207 地块	—	现金
16	浙报传媒	爱阅读（北京）科技有限公司 70% 的股权	收益法	现金
17	浙报传媒	增资后北京华奥星空科技发展有限公司 49% 的股权	收益法	现金
18	浙报传媒	杭州边锋网络技术有限公司 100% 的股权，上海浩方在线信息技术有限公司 100% 的股权	收益法	现金
19	浙报传媒	东方星空创业投资有限公司 44% 的股权	资产基础法	现金
20	皖新传媒	合肥兴金房地产投资有限公司 100% 的股权，合肥兴阜房地产投资有限公司 100% 的股权，合肥兴蚌房地产投资有限公司 100% 的股权，合肥兴淮房地产投资有限公司 100% 的股权	收益法	现金
21	皖新传媒	合肥信永房地产投资有限公司 100% 的股权，合肥信南房地产投资有限公司 100% 的股权，合肥信六房地产投资有限公司 100% 的股权，合肥信芜房地产投资有限公司 100% 的股权，合肥信贤房地产投资有限公司 100% 的股权，合肥信涂房地产投资有限公司 100% 的股权	—	现金

续表

序号	获得方	被并购方	定价方法	结算方式
22	新华传媒	上海新华成城资产管理有限公司 40% 的股权及特定股东债权	资产基础法	现金
23	新华传媒	中译语通科技（北京）有限公司 4.33% 的股权	收益法	现金
24	新华传媒	上海上报传悦置业发展有限公司 30% 的股权及债权，上海天下一家置业有限公司 60% 的股权及债权	—	现金
25	新华传媒	奉贤区南桥新城 09 单元 12A–02A、13A–01A 区域地块	—	现金
26	时代出版	华文国际拥有的位于合肥市庐阳工业园区工业用地及已建的两栋仓储用房设施	资产基础法	现金
27	时代出版	安徽时代漫游文化传媒股份有限公司 100 万股股份	收益法	现金
28	漳泽电力	北京万方数据股份有限公司 33.5% 的股权	收益法	现金
29	大地传媒	焦作中旅银行股份有限公司 7.14% 的股权	—	现金
30	大地传媒	重庆笛女阿瑞斯影视传媒有限公司 100% 的股权	收益法	现金，资产
31	中文传媒	北京智明星通科技有限公司 100% 的股权	收益法	现金，资产
32	世纪天鸿	北京天梯志鸿教育科技有限责任公司 18.83% 的股权	—	现金
33	华闻传媒	天津掌视亿通信息技术有限公司 100% 的股权	收益法	现金，资产
34	华闻传媒	华商数码信息股份有限公司 20.4% 股份，陕西黄马甲物流配送股份有限公司 49.375% 股份，西安华商卓越文化发展有限公司 20% 的股权，西安华商广告有限责任公司 20% 的股权	收益法	资产
35	华闻传媒	北京澄怀科技有限公司 100% 的股权	收益法	资产
36	华闻传媒	北京国广光荣广告有限公司 100% 的股权	收益法	现金
37	华闻传媒	北京华商盈通投资有限公司 61.25% 的股权	—	现金
38	华闻传媒	海南民生长流油气储运有限公司 97.24% 的股权	—	现金
39	中文在线	上海晨之科信息技术有限公司 20% 的股权	收益法	现金
40	中文在线	北京新浪阅读信息技术有限公司 16.667% 的股权	收益法	现金
41	中文在线	广州弹幕网络科技有限公司 13.51% 的股权	—	现金
42	中文在线	天翼阅读文化传播有限公司 10.526% 的股权	—	资产

序号	获得方	被并购方	定价方法	结算方式
43	中文在线	北京鸿达以太文化发展有限公司 54.02% 的股权	收益法	现金
44	华媒控股	中教未来国际教育科技（北京）有限公司 60% 的股权	收益法	现金
45	华媒控股	杭州文化产权交易所有限公司 40% 的股权	—	现金
46	华媒控股	十九楼网络股份有限公司 18.881 5% 的股权	—	现金
47	华媒控股	洪雅美联曼地亚红豆杉种植有限公司 80% 的股权，以及浙江华智控股股份有限公司对洪雅美联曼地亚红豆杉种植有限公司的全部债权	—	现金
48	华媒控股	位于重庆市北碚区同兴工业园区的 488.2 平方米闲置土地	市场法，成本逼近法	现金
49	华媒控股	重庆美联制药有限公司的 70% 的股权，重庆华智控股股份有限公司及其他关联公司对重庆美联制药有限公司享有的所有债权	资产基础法	现金
50	华媒控股	重庆美联制药有限公司的 70% 的股权，重庆华智控股股份有限公司及其他关联公司对重庆美联制药有限公司享有的所有债权净额 97 224 418.43 元	—	现金

资料来源：同花顺数据中心。

目前，传统媒体与新媒体在融合的进程中，根据企业的战略规划，出版传媒企业的并购目标有许多属于信息技术或文化传媒领域。目标企业的轻资产特点决定了这些企业中最重要的资产是与其主营业务密切相关的无形资产，即著作权、研发团队及经营管理团队的人力资源等，其价值在资产基础法下难以充分体现。因此表 7-2 中以网络游戏为标的的 4 个并购案中，在综合考虑评估目的、评估对象、资产属性等因素的基础上，均采用收益法进行价值评估。从表 7-2 中可以看到，基于企业未来现金流量而进行的解析、估算所得出的评估价值远高于其账面价值。新闻出版企业并购实践中所涉及的互联网信息技术企业、游戏企业、影视文化等企业多为近几年成立的各个行业的新星，在经营管理、用户需求把握、产品的营销策划方面都存在很大的不确定性，且所属行业并非成熟产业，对其未来的盈利预测难度很大。另外在信息不对称的情况下，出于自身利益的考虑而高估企业的价值的情形也时有发生，因此严重地损害了主并企业的利益。

表 7-2　部分新闻出版上市公司并购溢价情况

年份	获得方	交易标的	买方支付金额（万元）	评估价值（权益法）（万元）	资产账面价值（万元）	溢价比率（基于账面价值）（%）
2015	中文传媒	智明星通 38% 的股权	266 000.00	266 000.00	9 118.96	28.17
2013	天舟文化	神奇时代	125 400.00	125 413.31	5 697.70	21.01
2012	浙报传媒	边锋浩方 100% 的股权	320 000.00	319 994.78	34 857.64	8.18
2013	博瑞传播	北京漫游谷信息技术有限公司 70% 的股权	103 600.00	106 190.00	21 408.44	3.84

数据来源：同花顺数据中心。

7.1.2　中期交易风险识别

（1）并购融资风险。

企业并购中融资与支付风险可以归纳为 4 种表现形式：融资安排风险、资金结构风险、流动性风险、股权稀释风险，其中前两项为资金来源风险，后两项为资金使用风险。融资安排风险是指融资方式选择不当或前后不衔接所产生的财务风险。企业使用自有资金可能造成机会损失或周转困难，对外举债或发行股票则程序复杂。融资超前会造成利息损失，融资滞后则直接影响整个并购计划的实施，甚至导致并购失败。资金结构风险是指债务资本与权益资本、长期债务与短期债务的融资结构不当而引发的风险。以债务资本为主的融资结构可能产生利息支付和按期还本风险；以权益资本为主的融资结构可能会使股东利益受损。流动性风险是指企业并购后由于债务负担过重，缺乏短期融资，导致支付困难的可能性。在通常情况下，并购活动会占用企业大量的流动资产，从而降低企业对外部环境变化的反映和调节能力，影响企业的正常运营，增加经营风险。股权稀释风险是指采用股票或可转换债券作为支付工具时，由于参与利润分配的股本数增加，会稀释或摊薄原股东权益的风险。因为并购企业原股权结构发生了变动，从而导致股东控制权的分散。[38]

目前出版传媒企业并购融资方面的问题主要来自以下 4 个方面。

① 并购融资渠道不畅，资金的可获取程度低。

从国泰安数据库中我国上市公司采用现金支付的有效融资数据及其他口径的统计数据来看，内源融资、银行贷款、发行债券和股票是我国企业并购的主要融资选择。但当企业自有资金不足，或并购标的过大时，内源融资很难满足并购需要。外源融资中的商业银行贷款从政策开闸到现在虽有了长足的发展，但因缺乏相关经验及风险与收益配比等方面的考量，银行对并购贷款业务相对谨慎，造成一定程度的"惜贷"现象，限制了银行贷款对并购业务的支持力度；债券融资因政策规定上的种种限制，与并购市场需要相比，规模仍然很小；股票发行在目前的审核制下难度很大，准入门槛高、审批流程复杂，并购资金不易获得。

②并购融资中的非理性选择。

在结构调整及整合过程中，作为出资者代表的各级政府机构往往会有超越经济考虑的包括就业、稳定、政治声誉等各种非经济诉求。为此，政府会主导一些从经济的角度来看不理性的并购，并提供资金支持，从而形成不理性的融资状况，为后续的整合及企业的长远发展埋下隐患。另外，现有理论普遍认为，管理者过度自信行为偏差对企业资产负债率的选择也有着重要的影响。管理者在并购方面的过度自信会导致对并购后整合效果与未来发展前景的过度乐观预期，进而倾向于选择更激进的债务融资，并在未来引发财务危机。

③资本管制严格，金融创新不足。

为保障金融体系安全，我国金融监管当局曾通过各种法律规章对于资金的自由流动进行限制。在并购融资方面的体现是对企业发行股票、债券的资格、条件和规模都作出了严格的限制，并就通过发行股票和债券及银行贷款筹得的资金用途也作出了明确的规定，使国际上通行的几种主要的并购融资方式在我国几乎都受到了限制，阻碍了企业并购的发展。

虽然近期金融监管当局在优先股、企业债等方面放松了管制，作出了有益尝试，但与欧美等国企业并购融资概况相比，我国并购融资市场上的金融工具明显不足，创新有待加强。

④中介机构发育不良，作用有限。

欧美等西方国家企业并购融资渠道众多，融资工具丰富，这要归功于西方国家包括商业银行、投资银行在内的众多金融机构在长期的金融服务中不断根据市场需要调整角色定位，进行金融创新，支撑实体经济的蓬勃发展并因此引发新的金融服务需求，从而引发了新一轮的金融创新，形成正向循环。我国资本市场起步较晚，商业银行、投资银行等金融机构在并购融资中提供的金融工具和金融专业服务都不足，信用评级等中介机构在并购过程中的参与程度及服务质量也有待提升，这些都影响了其在并购融资过程中作用的发挥。

（2）并购支付风险。

在整个并购重组流程中，支付方式因其对并购后企业的所有权结构、财务杠杆水平及发展战略所具有的深远影响而成为其中的关键环节。并购支付工具的使用直接关系到并购成本的高低和交易成败。现实世界中不乏因并购支付方式选择不当而使企业陷入重重困境甚至破产清算的先例。

通过对 2011—2016 年出版传媒类上市公司跨行业并购案的研究总结，发现企业在并购活动交易过程中大多采用现金的结算方式。企业可能为了尽快达到并购目的而采用现金支付方式进行快速并购。从并购方的角度来看，现金支付可能意味着能够快速地接管目标企业，但是现金支付所产生的债务负担过重，由此带来的资金风险不容忽视。国内很多出版传媒企业大多都拥有企业自有资金链，接受融资的企业所占比例较小，这种经营模式可以维持企业自身的资金流动，但是面对跨行业并购所需要的大额的资金支撑，如果使用企业自有资金链，那么就会导致企业资金周转困难。因此，在并购交易过程中，支付方式选择风险不容忽略。[39]

（3）外部环境风险。

① 政策变动风险。

政策的变动在一项并购活动中具有导向作用。传媒行业属于意识形态领域，其处于国家相关政策法规严格监管下的属性也是其高风险的组成因素之一，该领域内的企业相应地在并购的过程中，往往会涉及更多的政策变动的风险。传媒行业的相关政策的调整、变动、监管改革等使得政策的不确定的风险显得更为显著和突出，从而也增加了预测企业的市场规模和并购市场的发展趋势的难度。而对于此种政策变动的风险，相关企业只能够去预测和被动地适应，而不能去改变，若并购方企业在进行并购活动之前对相关的政策限制和政策预期的情况未进行深入分析和全面的了解，将可能会面临因相关政策的限制或变动而导致并购活动失败的局面。[40]如博瑞传播按照既定战略发展方向，为打造新型产业布局，主动拓展新兴业务，对融资担保公司进行并购。但 2016 年上半年，证监会针对部分行业并购的审核力度加大，并叫停涉及影视、互联网金融、VR、游戏 4 个行业的上市公司跨界定增。这项政策的变动，给博瑞传播力图以发展互联网平台，大力布局金融业务带来了巨大挑战。博瑞传播筹划数个月的收购国际金融公司和成都中小企业融资担保有限责任公司持有的成都小企业融资担保有限责任公司的计划由于政策的变化最终还是选择了放弃。

② 审批风险。

由于企业并购时间跨度大，流程多，任何一个环节都可能出现变数，尤其是并购审批环节，大地传媒即是一例。大地传媒于 2015 年 5 月通过审议，决定收购笛女影视。该公司希望通过此次并购而进入影视行业，但最终并购也未能取得成功。大地传媒原本希望利用现有版权资源，加上收购笛女影视，以此来延长产业链条，加快企业转型升级速度，但这起并购案涉及了大量的国资部门审批流程，综合复杂的审批流程，导致这个过程时间跨度加大，大地传媒未能按时依照合同期限支付 6 000 万元的预付款项。笛女影视在此期间也重新综合考虑自身发展，并购到此终止。同样遭遇审批时间过长而导致并购失败的企业还有博瑞传播。DSTF Holdings Ltd.（出让方）在等待的过程中，因为并购的不确定性及市场的变化，决定终止博瑞传播收购上海晨炎的部分股权。[41]

③法律风险。

法律风险是指由于并购方对于相关法律不够重视，因为操作不当而违反了企业并购涉及的相关法律，导致诉讼发生，最终导致并购失败。传媒行业的并购活动涉及证券法、公司法、税法、上市公司收购管理办法、企业破产法等法律法规较多，法律关系较复杂，因此要格外关注相关法律法规，避免产生法律纠纷。如在 2014 年传媒企业的并购中，高金食品并购印纪传媒、华策影视并购克顿传媒等均因涉嫌违法被证监会立案调查，终止收购。

另外，如果是跨国并购，由于中西方法律法规差异较大，其他国家在税收、员工福利等方面要求比较严格，我国企业在海外并购中很容易因忽视相关因素而对后续并购、整合和绩效而产生不利的影响。[42]

7.1.3　后期整合风险识别

并购并不是两个或多个企业之间的简单合并。企业通过并购获得目标企业的经营控制权及其资源，并不必然导致企业的成长。从"获得目标企业资源"到"企业成长"之间有一个不可逾越的阶段——整合。并购后的整合对于并购是否成功至关重要，只有通过整合，使企业资源得到最优组合进而产生协同效应，才能有力地促进企业成长。在实践中，并购后的整合阶段风险频发，须认真防控。

（1）经营整合风险。

由出版传媒行业特性所决定，改制初期同行业的合并现在很多都是行政划拨完成，并没有充分市场化，所以大多数出版传媒业为了实现多元化发展而进行跨行业并购。由于不同行业之间经营模式的差异，企业并购完成后，面临着经营方面的整合。出版传媒行业有其自身的经营模式，并购交易完成后，出版传媒业跨界经营，而不同行业之间由于经营方式及盈利模式的不同，为并购后协同效应的产生增加了难度。如企业进行跨行业并购在一定程度上是具有试探性的，甚至是盲目性的，并没有制定有效的战略规划，会出现经营整合风险。跨行业并购意味着市场空间变得更为广阔，但是并购后能否产生协同效应，企业能否适应市场环境，达到预期目标，存在着很大的悬念。

博瑞传播自 2009 年并购游戏公司后，并购项目业绩完成情况一直不尽如人意，成都梦工厂营业收入、净利润均呈下滑趋势，北京漫游谷信息技术有限公司在 2014 年、2015 年两年里未完成业绩承诺。详见表 7–3。

表 7–3　博瑞传播部分子公司及联营公司业绩

公司	年份（年）	净资产（万元）	营业收入（万元）	营业收入增长（%）	净利润（万元）	净利润增长（%）
成都梦工厂	2009	7 699.93	12 196.51	—	7 758.77	—
	2010	14 043.48	9 444.99	−22.6	6 343.55	−18.2
	2011	14 353.88	10 393.72	10.0	4 310.40	−32.1
	2012	15 558.90	8 931.48	−14.1	5 205.02	20.8
	2013	16 069.57	8 753.17	−2.0	4 510.67	−13.3
	2014	19 312.97	7 194.46	−17.8	3 243.41	−28.1
	2015	17 981.96	3 123.09	−56.6	−1 331.02	−141.0
	2016	8 357.48	2 061.22	−34.0	−1 624.48	−22.0
北京漫游谷信息技术有限公司	2013	30 583.39	8 820.93	—	6 229.32	—
	2014	43 749.39	32 051.02	263.0	14 063.88	126.0
	2015	43 246.19	26 843.67	16.2	8 982.37	−36.1
	2016	25 235.25	15 569.25	−42.0	1 843.50	−79.5

数据来源：博瑞传播年报。

（2）文化整合风险。

在并购整合中，企业间的文化差异可能引致风险。在融合发展过程中，标的企业所涉及的行业多属于成长性良好和市场竞争充分的信息技术、教育、游戏、影视、信息服务、软件等领域。这些企业的战略愿景、组织文化、员工价值观、管理风格等与传统新闻出版企业往往存在着差异，由此产生的矛盾与碰撞，如不加以妥善调和，就会对企业的凝聚力、创新氛围产生不利的影响，进而发生核心团队成员离职等现象，影响整合效果。而业务与市场定位的差异、组织结构与管理模式的差异、财务目标与财务职能的差异等主被并企业的内在差异性会诱发战略及业务层面等全方位的出版传媒企业并购整合风险。

（3）技术整合风险。

出版传媒企业进行跨行业并购，双方在技术层面存在较大差异，甚至可能完全不了解被并购方的技术，从而使并购结束后并购方没有获得期望的技术资源，由此产生并购后的技术整合风险。[43] 如并购游戏业，如果不能掌握游戏业的核心技术——创意，就不能实现并购的有效性，为企业带来经济利益的流入。出版传媒业要想实现完美的跨行业技术整合，掌握目标企业的核心技术，实现企业的多元化发展，就需要合理规避技术整合风险，将这种潜在的技术资源转化为企业的综合竞争力，否则将会产生一定的技术整合风险。对于那些需要大量技术支持的企业而言，进行跨行业并购，无疑不是一种替代技术创新的好手段。而并购双方是否实现知识共享、双方技术是否兼容、市场的不稳定性都会大大增加企业并购时的整合风险。

（4）人力资源整合风险。

人力资源整合风险是指在企业跨行业并购交易后的整合管理阶段由于对人员管理不善而造成的用人不当，未能有效利用企业的人力资源优势，以及高层管理者和企业核心技术人员流失而造成企业利益损失的可能性。

人力资源是一个企业保持生命活力的源泉。出版传媒业进行跨行业并购后，可能因为未能进行有效整合，而未能最大限度地利用合并所带来的优势，甚至导致企业员工，特别是高层管理人员及核心技术团队的流失。企业日常的人员调配与跨行业并购后的人力资源整合不同，在并购过程中，企业将面临的是拥有不同管理体制、不同经营模式的人员，各种观念的冲突与碰撞难以避免。研究表明，人与人之间的信任需要时间的积累，如何在短时间内管理人员和整合机构，无疑非常重要，这会直接影响到企业未来的发展进程。出版传媒业在进行跨行业并购完成后所面临的潜在的人力资源整合风险可能表现在以下 3 个方面。

① 员工的心理焦虑。出于对未知行业的恐惧，员工可能出现焦虑心理。在现代社会，一份工作在很大程度上对于个人生存来说是非常重要的，而并购所带来的可能是人员的裁减及降薪，由此给员工带来心理压力，进而影响其工作效率及企业的经营效益。

② 员工的满意度下降。企业跨行业并购活动是一个相当复杂的过程，它会带给决策者诸多困扰，面对高强度的工作，决策者往往会忽视员工的利益，在法律、制度等方面考虑不到位，从而导致员工满意度下降。

③ 管理者的离职问题。企业在跨行业并购实施过程中，目标公司管理者出现离职的现象较为普遍。由于管理者是企业的重要资源，对推动企业并购后的整合起着非常重要的作用，因此管理者的离职成为企业并购后人力整合管理中较为严重的问题。

出版传媒企业跨行业并购风险具体见图 7–1，其中包含目标选择风险、价值评估风险、战略决策风险、支付方式选择风险、政策变动风险、审批风险、法律风险、经营整合风险、技术整合风险、人力资源整合风险等。

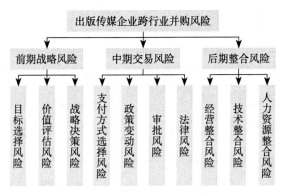

图 7-1　出版传媒企业跨行业并购风险

7.2　出版传媒企业并购风险评价

　　并购是一个多环节、涉及两个或多个交易对象的复杂的交易过程，交易过程中涉及的风险因素很多，要想把各个风险因子量化，就需要构建风险评价模型，把定性问题定量化，从而有利于企业清楚判断并购中各项风险的权重。[44] 企业并购流程复杂多变，对于并购过程中的风险水平进行识别分析，有利于企业合理规避风险，取得并购成功，因此，建立一套合理有效的风险评价体系显得尤为重要。风险评价指标体系可以把复杂的问题简单化，把并购中的风险通过模型的建立清晰地展示出来，把风险进行分层分析，可以对外部风险、内部风险的水平做出合理判断，使企业依照由重到轻，从主要到次要，按照正确流程做出及时应对。

7.2.1　层次分析法基本原理

层次分析法（Analytic Hierarchy Process，AHP）是 20 世纪 70 年代由美国匹兹堡大学运筹学家托马斯·L.萨蒂（Thomas L. Saaty）最早提出的一种比较成熟的将定性决策分析转化为定量决策分析的方法。层次分析法的原理是通过将各个因素分解成目标、准则、方案等层次，采用矩阵数学方法量化各层次因素的权重，进而将决策问题的多目标统一成整体，为其优化提供理论依据。

层次分析法将需要决策的问题，先按照主目标、分目标、分目标评价准则和具体备投方案分层，再构建各层因素之间的重要关系，通过矩阵的形式量化表现并求解各矩阵特征向量的办法，以此来得到每一层次各因素对于上一层的一阶权重，最后通过加权方法递阶计算最终权重，即为最优方案。此方法的本质就在于定性化定量，抽象变具体，将研究对象视为系统，适用于没有结构特性的决策优化系统评价，方便快捷，清晰明确，而且所需要的基础数据比较少。基于以上的优点，层次分析法在众多生产实践中得到应用，成为解决决策优化问题的主要手段。但是由于定量数据较少，定性分析多，主观判断比较重，所以在构建模型的同时要避免独断。

7.2.2　出版传媒企业跨行业并购风险指标体系构建

（1）模型构建原则。

风险评价指标体系的构建服务于并购交易活动，其构建主要遵循以下原则。

① 科学客观原则。科学客观原则是构建风险评价指标体系最重要的原则，

它直接影响并购交易的成与败。决策者需要客观地分析企业并购的种种相关因素，寻找统一的标准去给予解释，在摒弃个人情感的主观因素条件下，准确、真实地评价该项目。

② 全面系统原则。企业在进行并购时，风险在各个阶段的表现不尽相同，其风险因素具有很明显的多维性及交错的作用关系。在构建指标体系的过程中，如不能做到结构清晰、全面系统，是无法准确反映现实情况的。因此，风险的评价指标的选择不仅要基于自身的关注点，还要基于对目标企业进行详细的分析调查，以此作为并购合理实施的基础。

③ 操作简洁原则。需要将复杂问题简单化，使整个评价体系简明清晰，方便使用。

（2）构建模糊综合评价模型。

层次分析模糊综合测评的步骤如下。

① 构建企业并购风险评价体系，即确定目标层、准则层、指标层，结合前文的分析，目标层为跨行业并购风险，准则层集定义为 $A = (A_1, A_2, A_3)$，其权重为 $A = (a_1, a_2, a_3)$，同理指标层集定义为 $B = (B_1, B_2, \cdots, B_7)$，相应地权重为 $B = (b_1, b_2, \cdots, b_7)$，详细说明见表 7–4。

② 构造判断矩阵，根据评价体系，对每层因素进行两两比较，确定其相对的重要性，用数字进行量化。如目标层对准则层的判断矩阵可以表示为

$$A_i = (a_{ij})_{3 \times 3} \quad i, j = 1, 2, 3，其中，a_{ij} > 0, a_{ij} = 1/a_{ji} \qquad （6\text{–}1）$$

在层次分析法中采用 1~9 标度方法，对不同情况的评比给出数量标度，见表 7–5。

表 7-4　跨行业并购风险评价体系指标

目标层	准则层	权重 A_i	指标层	权重 B_i
跨行业并购风险	前期战略风险	A_1	战略决策风险	B_1
			目标企业价值评估风险	B_2
	中期交易风险	A_2	外部环境风险	B_3
			支付方式选择风险	B_4
	后期整合风险	A_3	人力资源整合风险	B_5
			技术整合风险	B_6
			文化经营整合风险	B_7

表 7-5　标等级表

标度	等　级
1	两者相比，同样重要
3	前者较后者，比较重要
5	前者较后者，明显重要
7	前者较后者，强烈重要
9	前者较后者，极端重要
2，4，6，8	表示上述相邻判断的中间值

③ 一致性检验。

借助数学方法（和积法、方根法）或者计算机软件，求解上述判断矩阵的特征向量和特征值，如果满足一致性检验条件，则所求的特征向量就是各个风险因素的权重大小。可以通过计算一致性比例 CR（Consistency Ratio）指标进行一致性检验。计算公式如下：

$$CR=CI/RI$$

其中，CI（Consistency Index）为一致性指标，根据 $CI = \dfrac{\lambda_{\max} - n}{n-1}$，$n$ 为判断矩

阵阶数计算得到；RI（Random Index）为平均随机一致性指标，由大量试验给出，对于判断矩阵阶数小于 12 时可以查表 7–6 得到。

表 7–6　矩阵阶数表

判断矩阵的阶数	3	4	5	6	7	8	9	10
RI	0.52	0.89	1.12	1.26	1.36	1.41	1.46	1.49

当 CR < 0.1 时，即认为判断矩阵具有满意的一致性；否则，就需要调整判断矩阵，直到取得满意的一致性为止。

④ 根据准则层和指标层的权重，可以得到指标层相对于目标层的重要程度，即企业跨行业并购风险因子的重要程度值集合为

$$E=\{E_1, E_2, \cdots, E_7\}=\{A_1B_1, A_1B_2, A_1B_3, A_1B_4, A_2B_5, A_2B_6, A_3B_7\} \quad （6\text{-}2）$$

⑤ 根据风险的程度，确定评价集 $V=\{V_1, V_2, V_3, V_4, V_5\}$，表示风险从低到高的评语，分别为低、较低、中等、较高、高 5 个等级。通常情况下，规定评价集 V 在 0~100，$V_1 = 100$，$V_2 = 80$，$V_3 = 60$，$V_4 = 40$，$V_5 = 20$。对于风险因子进行评判，由德尔菲法确定，即专家意见法，通过咨询适当数量的专家，对其结果进行分析，并建立企业跨行业并购风险的模糊评价矩阵 $\boldsymbol{R} = (r_{ij})_{7\times5}$。

⑥ 利用模糊评价矩阵，建立层次分析模糊综合评价模型来测评企业跨行业并购风险。

$$Q = E \cdot R \quad （6\text{-}3）$$

Q 就是模糊评价结果，通过加权平均法进行归一化处理。通过此概率，我们可以为一项并购交易总体风险等级打分，风险越低数值越接近 100，综合得分超过 60 分意味着跨行业并购风险较小，成功概率比较大。

7.3　出版传媒企业跨行业并购风险应对策略

7.3.1　对目标企业价值进行合理评估

　　高质量的标的企业信息是准确估值的前提条件。在并购前，通过资料的收集与分析、现场调查、目标企业管理层答疑等方式，对标的企业的资源和能力状况、行业地位以及所处的产业环境、未来走向等信息认真归集和整理，对于并购交易中的潜在风险和问题应谨慎对待，有助于合理估值，尽可能规避因信息不对称而导致的估值偏差。融合发展背景下的企业并购，其并购标的企业多处于新兴行业，充分考虑标的企业的行业性质和运营规律，明确其所处的行业周期，谨慎选用估值方法也是准确估值的一个重要条件。

　　出版传媒业在进行跨行业并购评估过程中，如采用单一的定价方式对企业价值进行评估，就会导致信息掌握不全面，难以正确评价、估计其价值，从而造成企业并购交易阶段资金的过多浪费。为了避免评估阶段风险的发生，企业可以选择多种方法互为参考修正或是通过聘请专业的中介公司来提供高质量的专业的评估服务，从而确定合理的企业价值。

　　在价值评估方法的选择方面，务必要做到系统全面、考虑周全，应尽量使用多种评估方法进行企业价值评估，对评估结果进行比较，从而规避误差，得到一个相对接近企业真实价值的合理估值。实践中比较常用的企业价值评估方法包括成本法、收益法、市场法。首先是成本法。这类评估方法，以企业过去产生的价值为基础来评估现阶段企业的价值，本方法无法准确地反映企业未来价值的走向。其次是收益法。与成本法相反，它依靠估计企业未来的收益，来估算现阶段企业的价值。这种方法依赖于未知的假设，所以结果的稳定性欠佳，但能较为准确地反映企业未来的发展。最后是市场法，市场法又称为"比较法"，是将目标公司与行业内的企业进行比较，在两家企业条件相同的情况下，通过估算后者来确定前者的价值。这方法可以有效地表现目标企业在行业中的价值，为并购提供有价值的参考。

在中介公司的聘请方面，应该根据被并购方的行业状况，选择对目标企业行业经营情况、政策制度较为了解，并且与目标企业无关联性的具有一定资历的大型评估机构，通过收集目标企业的全部经营信息及进行市场调查，来挖掘目标企业的实际情况，从而得出接近事实的正确价值评估信息，为企业合理规避并购风险提供支持。

（2）并购前进行有效的战略制定。

出版传媒企业在进行跨行业并购前要进行周密的计划安排，进行战略决策分析，以保证并购的顺利开始。并购前的战略决策是并购成功的基础。跨行业并购不同于同行业并购，由于行业之间的差异性，在并购前要对目标行业进行充分的了解，制定合理的并购战略。并购企业选择并购战略的思路是以企业所处的竞争环境为背景，全面分析企业核心能力的物质载体——战略资源、核心能力的状态，以及未来培育和扩散的方向，在此基础上确定最适合自身发展的并购战略，以实现企业核心能力的不断强化和扩展，获得持久的竞争优势[45]。按照这一思路，并购企业在制定并购战略时的基础是全面分析企业所处的竞争环境、所具备的和所需要的战略资源，以及核心能力的状态和培育方向[46]。

媒体融合背景下的企业并购应符合企业的中长期规划，是基于战略目的考量的行为。在明确企业是旨在补足战略短板，还是延伸产业链，或者跨行业寻找新的利润增长点后，需对目标企业的盈利前景、市场地位进行合理评价，进而作出选择。尽可能避免在准备不充分或者对并购标的选择比较盲目的情况下实施并购,规避因决策失误而导致的并购失败风险。

从出版传媒上市公司年报中所披露的企业发展战略来看,企业多将未来聚焦于传媒、教育、泛娱乐、文化等板块。这些板块,多属于文化创意产业的战略制高点,因其所蕴含的巨大市场空间、可观盈利前景而成为包括 BAT 在内的互联网企业的投资热点。新闻出版企业需充分认识到并购扩张后,必然会直面严酷的挑战,仍存在盈利预测风险、业绩承诺无法实现的风险、整合风险及商誉减值风险,并在并购决策阶段做到应有的谨慎。

7.3.2 中期交易风险应对策略

(1)并购融资风险的控制。

1)加强并购过程中的资金预算管理及实施过程中的监控。

企业在并购交易前应针对并购交易各环节制定资金预算,以确保并购所需资金控制在企业能力范围之内。在并购实施过程中,应根据制订的预算计划对并购各环节的资金使用情况进行严格监控和及时反馈,根据反馈结果对并购预算计划进行调整。加强并购风险管理意识,落实风险责任制,有效降低并购过程中的代理成本问题。在我国特殊的体制和历史背景下,大多数上市公司有国有企业基因,存在较为严重的所有者缺位和委托代理长链条问题,这也造成了国有企业管理者的权责不明、风险意识差等现实状况。因此,有必要建立风险责任机制,将企业并购风险责任落实到人,从而降低企业在并购交易中的非理性,有效控制并购过程中的人为风险。

2）审慎选择融资途径。

企业并购所需资金依其来源，可分为内源融资与外源融资两大类，其中外源融资又可分为债务性融资、权益性融资及混合性融资等。

①内源融资。

内源融资来自企业的生产经营活动，一般由留存收益和折旧两部分构成的企业内部资金，具有成本低、抗风险及自主性强等特点，在我国目前的融资体系下，不仅是企业并购资金的一个重要来源，也是企业生存与发展的重要基础。此外，在近年上市的新闻出版上市公司中，由于新股定价机制的缺陷，通常会出现超募现象，从而使企业拥有一笔超过投资计划，存放于募集资金专户管理的"超募资金"。这部分"超募资金"是企业并购资金的另一个重要来源。以天舟文化为例，公司于2010年12月完成首次公开发行股票并在创业板上市，该次发行的募集资金净额为37 946.268万元。其中，募集资金14 125.220万元，超募资金23 821.048万元。巨额的超募资金为天舟文化的后续并购提供了便利。

在新闻出版企业并购中，内源融资方式应用广泛。广东广州日报传媒股份有限公司关于现金收购上海第一财经报业有限公司25%股权暨关联交易的公告中，宣布使用自有资金1.03亿元，购买广州传媒控股有限公司持有的上海第一财经报业有限公司25%股权；成都博瑞传播股份有限公司出资7 096万元收购杭州瑞奥60%股权及出资5 339万元收购深圳盛世之光51%股权的交易均由公司自有资金完成；博瑞传播关于收购成都梦工厂网络信息有限公司100%股权的公告中称，公司受让梦工厂100%股权的价款为人民币44 100.00万元，并明确本次股权收购的资金来源为公司的募集资金及自有资金，其中募集资金为12 768.90万元，其余资金由公司自筹解决。

② 银行贷款融资。

作为一种债务性融资安排，银行贷款一直是支撑企业生存和发展的重要资金来源。因属于债务性融资，银行贷款利息费用可在税前扣除，并且不影响公司的股权结构，不会稀释公司的控制权。银行贷款真正在并购领域发挥重要作用是在《商业银行并购贷款风险管理指引》发布之后。此前，商业银行不能提供并购贷款，只能提供并购领域的顾问业务。为落实以金融促进经济发展的精神，加强银行业对经济结构调整和资源优化配置的支持力度，保持经济平稳较快发展，促进行业整合产业升级，我国商业银行的并购贷款政策监管政策经历了从1996 年《贷款通则》中明确规定贷款不允许进入股权领域，严禁银行开展并购贷款业务到 2008 年后全面放开的根本转变。2008 年 12 月 6 日，银监会颁布了《商业银行并购贷款风险管理指引》，允许商业银行在依法合规、审慎经营、风险可控、商业可持续的原则下开展并购贷款业务；2008 年 12 月 13 日，国务院办公厅颁布《国务院办公厅关于当前金融促进经济发展的若干意见》，提出"允许商业银行对境内外企业发放并购贷款"；2009 年 7 月 22 日，商务部第 6 号令对《关于外国投资者并购境内企业的规定》进行了重新修订，对国内外资金开展并购贷款全面开禁。[47]

③ 债券融资。

债券是为筹集资金，由政府、金融机构、工商企业等直接向投资者发行，承诺按一定利率支付利息并按约定条件偿还本金的债权债务凭证。这部分资金具有债务性融资的共同特征，不影响公司的股权结构，不会稀释公司的控制权，有利于原股东对公司经营方向的持续掌控。但因到期还本付息的法定义务，在并购重组不利、企业运营困难的情况下，企业债务负担沉重。目前我国债券市场产品主要品种及其相关情况见表 7-7。

表 7–7　我国债券市场产品主要品种 [48]

类别	企业债	公司债	可转换公司债	中期票据	短期融资券
发行主体	企业	上市公司	上市公司	非金融企业	非金融企业
监督单位	国家发改委	证监会	证监会	人民银行	人民银行
相关法规	《企业债券管理条例》	《公司债券发行试点办法》	《上市公司债券发行管理办法》	《银行间债券市场非金融企业债务融资工具管理办法》	《短期融资券管理办法》
交易场所	银行间市场、交易所	交易所	交易所	银行间市场	银行间市场
规模	国家发改委确定	发行后累计债券发行余额不得超过最近一期末净资产额的 40%	发行后累计债券发行余额不得超过最近一期末净资产额的 40%	中期票据待偿还余额不得超过企业净资产的 40%	待偿还融资券余额不超过企业净资产的 40%
财务指标	3 年盈利要求	3 年盈利要求	3 年盈利要求	1 年盈利要求	1 年盈利要求
担保	目前多为担保债	无强制要求	原则上要担保	主要是信用发行，接受担保增信	无强制要求
发行程序	审批制	核准制	核准制	注册制	发行前备案，央行核定最高余额
发债用途	依审批机关核准，用于本企业的生产经营	必须符合股东会核准用途及国家产业政策	符合产业政策，除金融行业外，不得用于财务型投资	应用于企业生产经营活动，并在发行文件中明确披露具体资金用途	无
期限	—	1 年以上	1~6 年	1 年以上	1 年以内

根据表 7–7 可知，国家发改委监管下的企业债，其发债用途在《企业债券管理条例》中的表述为其资金需依审批机关核准，用于本企业的生产经营，因此所筹资金很少用于并购支付。公司债、可转换公司债及短期融资券在其发债用途方面并未禁止用于并购支付，但从表 7–7 来看，各种债券的发行门槛偏高，不易跨越，因此只有少数企业能够通过发行债券获得并购资金支持。相比于其他债券，目前实务操作中公司债在上市公司并购融资中应用较广。但自 2007 年证监会正式颁布实施《公司债券发行试点办法》至今，其年度发行规模及市场存量，远未达到理想水平。

自 20 世纪 80 年代以来，在欧美等发达国家，债券特别是高收益债券成为助推并购市场迅速发展的重要金融工具。与国外情况相对照，我国并购债券亟待发展完善。为改变这种状况，监管部门持续探索，政策门槛逐步降低。[49]

④ 股权融资。

增发股票是指上市公司为了再融资而再次发行股票的行为。定向增发是指上市公司向符合条件的少数特定投资者非公开发行股份的行为。[50] 通过增发普通股获得的资金属于企业的永久性资金。相对于债权性资金，通过股权融入的资金没有明显的还本付息压力，风险较小。企业使用现金支付时，可以采用增发普通股及发行优先股筹集资金。

在博瑞传播收购北京漫游谷信息技术有限公司的融资方案中，公司拟以 10 亿元向北京漫游谷信息技术有限公司股东购买 70% 股权。为筹集所需资金，博瑞传播以不低于 9.09 元 / 股的价格定向增发不超过 1.2 亿股，从而募得约 10 亿元。为此进行的定向增发的发行对象为包括公司控股股东成都博瑞投资控股集团有限公司在内的不超过 10 名的特定投资者。

此外，股权分置改革后，越来越多的企业并购时采用股权支付方式，通过增发换股完成交易，并购融资及支付同时完成。在新华传媒收购解放报业集团所持申报传媒、晨刊传媒等9家公司股权及中润广告所持中润解放45%股权的交易中，新华传媒以定向发行股票的方式向解放报业集团发行90 920 859股A股，向中润广告发行33 446 409股A股，从而完成本次收购。

持续进行的金融改革需要为转变经济发展方式、调整经济结构，推动行业整合提供助力。优先股的推出即为其中的重要一环。2014年3月21日，证监会第97号令公布了《优先股试点管理办法》，这标志着优先股在我国资本市场上的解禁，优先股开始成为我国资本市场上的又一重要融资工具。优先股可为并购提供重要支撑，在《优先股试点管理办法》第七章《回购与并购重组》中，已就优先股用于并购融资及支付的相关问题进行了界定。优先股所具有的到期日不固定、本金不用偿还、普通股股东的控制权不会被稀释等优点有利于并购中一些难题的解决。合理利用优先股，灵活进行融资方案设计将使公司在不失去控制权的前提下落实发展规划，顺利完成并购。

⑤ 多种融资方式的混合应用。

随着各种新型金融工具的不断推出，在单笔交易金额不断创新高的并购交易案中，多种融资方式的混合运用成为必然选择。在IT企业联想对IBM公司PC业务17.5亿美元交易金额的收购中，除现金及股权外还混合了承债这种支付方式。在天舟文化对于神奇时代100%股权的收购案中也混合运用了多种融资方式。

天舟文化关于公司对神奇时代股权收购的公告中披露，神奇时代100%股权的交易价格为125 400万元，其中通过非公开发行股份支付的对价部分为89 180万元，采取现金支付的对价部分为36 220万元。根据表7-8，天舟文化此次交易共需支付现金约39 220万元。公司拟通过向不超过10名特定投资者

发行股份募集不超过 25 000 万元配套资金，并利用剩余的超募资金 10 899.84
万元（含利息）来支付本次交易的部分现金对价，再通过向银行贷款 4 000 万 ~
5 000 万元来支付剩余款项。

表 7-8　天舟文化并购资金筹集方案

序号	资金来源		资金用途	
	资金来源项目	金额	资金用途项目	金额
1	拟通过非公开发行募集配套资金	不超过 25 000 万元	本次交易中的现金对价	36 220 万元
2	首次公开发行超募资金	10 899.84 万元	相关发行费用	约 3 000 万元
3	拟通过银行贷款	4 000 万 ~5 000 万元		
总计		不超过 40 000 万元		约 39 220 万元

（2）选择合理的支付方式。

1）并购支付方式及特点。

现阶段我国出版企业在并购重组支付方式选用方面进行了诸多尝试，现金、
股票、资产、混合等支付方式都有所涉及。

① 现金支付。

现金支付方式是最简便、最快捷的一种支付方式，也是在我国新闻出版企
业并购支付时应用最为广泛的一种方式。例如，湖北少年儿童出版社有限公司
在 2012 年 6 月 28 日签订的《股权转让协议》中，以现金 380 万元受让上海亨
特设计有限公司 100% 的股权，并更名为上海安柏文化传播有限公司；上海新
华传媒股份有限公司于 2011 年 4 月 27 日召开的第五届董事会第二十五次会议
审议通过关于重组杨航传媒的议案，同意公司以现金出资人民币 1 806 万元收

· 179 ·

购上海中润广告有限公司持有的上海杨航传媒有限公司 30% 的股权等。此外，皖新传媒、时代出版、博瑞传播、浙报传媒、凤凰传媒、中南传媒等上市公司近年来也都发生过以现金支付完成的并购交易。

对于主并企业而言，现金支付最显著的优点是不改变企业现有的股权结构，现有股东控制权不会被稀释。同时，现金支付可以使主并企业迅速完成收购，降低收购风险和收购难度。但是，随着新闻出版企业间并购规模的日益扩大，单纯使用现金支付一般会给主并公司造成沉重的资金负担。现金支付的另一个问题是根据自由现金流量假说，具有委托代理问题的公司即便在没有投资收益率较高的投资机会时，也不愿意将现金回馈给股东，而管理者为了追求自身效用函数的最大化，维持对主并公司的控制会实施有悖于企业整体利益的并购决策，以现金支付方式完成并购收益较低或为负的并购交易，从而使主并公司在长期内遭受损失。因所有者缺位，国有控股企业的委托代理问题通常比较突出，这也是新闻出版企业需要注意的问题。

② 股票支付。

股票支付方式是指主并企业为了完成并购交易活动，将其拥有的股票作为支付工具，用以交换被并购企业的资产或股权的一种并购方式。2011 年，长江传媒向河北长江出版传媒集团有限公司发行 487 512 222 股股份购买其持有的本部教材中心相关净资产及下属 15 家全资子公司 100% 的股权；2011 年新华传媒收购上海新闻晚报传媒有限公司 34% 的股权；粤传媒也通过非公开发行股份的方式购买了广传媒持有的广州日报报业经营有限公司 100% 的股权、广州大洋传媒有限公司 100% 的股权、广州日报新媒体有限公司 100% 的股权。

股票支付中以增资扩股这种方式完成并购交易的居多。上述 3 个出版企业并购案即采用的是这种方式。在股票支付方式中，主并方不需要支付大量现金，这样可以避免资金压力及财务风险。另外，根据风险分担理论，目标公司愿意接受股票支付方式与并购公司共担风险，这在一定程度上降低了信息不对称，表明自身资源的优质性和对并购后协同效应实现的乐观预期。但在目前的体制下，由于国有股份的所有者缺位所造成的公司及政府对体制性利益的过分追逐，这一定程度上影响了并购绩效的实现；[51]并且增资换股这种支付方式将使公司的资本结构和股权结构均发生变化，这在不同程度上稀释了公司的控制权。

③ 资产支付。

资产支付即通常意义上的资产置换，目前市场上主并方通过资产支付完成并购主要出于两种考虑：一是获得盈利水平较高的优质资产；二是获得符合企业长远发展规划的资产，同时将盈利水平低或与未来发展战略不符的资产置换出去。优质资产的获得有利于维护主并公司在资本市场上的良好形象，对股价形成良好支撑；符合企业长远规划资产的置换注入，这一方面标志着借壳上市运作成功；另一方面也标志着公司开启了新篇章。以新华传媒买壳上市为例。2006 年 5 月 19 日，华联超市公告将占公司总股本 45.06% 的股份转让给新华发行集团。2006 年 11 月 28 日，新华传媒在关于重大资产置换实施进展情况的公告中，宣布公司以除尚未使用完毕募集资金 4.8 亿元外的资产、负债及业务与新华集团直接或间接持有的上海新华股份有限公司 100% 的股权进行置换，并于 2006 年 9 月 19 日更名为"上海新华传媒股份有限公司"，主营业务变更为以图书、报刊、音像制品、电子（网络）出版物、文教用品的批发、零售为核心的文化传媒业务。通过收购华联超市及后续的资产置换，新华集团打造了良好的资本运作平台，新华传媒也将依托于良好的文化产业领域资源，实现跨越式发展。

④ 混合支付。

随着经济的发展，企业并购的规模和复杂程度逐步提升，单一支付方式的缺点和局限性逐步暴露出来，因为其无法很好地兼顾主并方和目标企业的利益与诉求。我国资本市场的逐步发展与完善为这一问题的解决提供了可能，多种支付方式在并购交易中的混合应用逐年增长。其中，现金加股票的混合方式应用较广。在粤传媒对香榭丽传媒的收购中，粤传媒及其全资子公司新媒体公司即拟以现金和发行股份相结合的方式购买香榭丽传媒 100% 的股权，交易对价为 4.5 亿元；在大地传媒购买中原出版传媒集团下属的图书发行等业务的经营性资产的交易中，交易对价的 15% 由大地传媒以现金支付，另外 85% 则通过向中原出版传媒集团发行股份进行支付。在 IT 企业联想对 IBM 公司 PC 业务 17.5 亿美元交易金额的收购中，除现金及股权外，还混合了承债这种支付方式。联想除支付给 IBM 6.5 亿美元的现金和 6 亿美元的股票外，还将承担 5 亿美元的债务。

⑤ 无偿划拨支付方式。

无偿划拨是指政府作为国有资产的代理人，通过行政手段将国有企业的控股权从一个国有资产管理主体划至另一个国有资产管理主体，而接受方无须向出让方进行补偿的并购重组行为，[52] 是产权交易中十分常见的具有中国特色的操作方式。这是一种较为纯粹的政府行为，由于是无偿划拨，主并方无须向被并方支付现金、股票及资产等对价。无偿划拨这种方式产生于我国特殊的政治背景和市场环境下，在其他领域已随着改革进程的推进而逐步消亡。新闻出版业的改革改制起步较晚，在近年来的产业整合中这种方式应用较多，多属于政府行政主管部门谋求长远竞争优势，按产业发展规律，以企业为整合对象，重新配置生产要素，从而形成富有竞争力的企业和企业集团的过程。这种并购方式更多秉承的是政府的意志，而非市场化的选择，其并购重组绩效很难预测。

2）支付方式选择依据。

① 主并公司的并购目的。

我国企业的并购目的主要分为买壳上市、财务重组、战略重组 3 种。[53] 企业并购目的在一定程度上限制了并购支付方式的选择，而并购支付方式的选择也对并购目标的实现程度形成制约。现阶段我国出版业的并购目的以买壳上市和战略重组居多。

目前，A 股市场上的出版概念上市公司大多通过买壳方式上市。买壳上市最终是需要通过反向收购的方式将自己的有关业务和资产注入上市公司，从而达到间接上市的目的。在实施上通常分为两步走，第一步买壳时以现金支付方式为主；第二步资产注入时往往通过资产置换、定向增发完成。

战略并购意味着将并购作为企业战略的组成部分，通过实施企业发展战略、创造协同价值、提高市场竞争力来逐步实现企业的长远发展目标。[54] 战略性的并购意图较为复杂，诸如获取核心竞争力（或新技术）、消灭竞争对手、获得规模效益或协同效应、提高对上游供应商与下游客户的议价能力、合理配置资源、获取新的市场等。如果需要目标公司管理层在并购前后的通力合作，那么通过双方的交叉持股，使目标公司成为主并公司利益相关者无疑是明智的选择。出版企业许多以股票支付完成的并购即出于这种考虑。

② 主并公司控制权稀释威胁。

这里的控制权是相对于所有权而言的，指对于企业各类资源的支配权。根据现代企业理论，企业的本质是一系列契约的联合体，这一系列契约约定了包括股东、经理层在内的各利益相关者的权利义务。在现实世界中，风险、不确定性、不完全信息及其他环境条件的限制导致了契约的不完备，从而使拥有公司控制权的一方有机会通过控制权的行使侵占其他各方的权益，企业的控制权因此成为一种稀缺资源和争夺对象。主并公司的股权结构及持股比例将会影响并购支付方式的选择，主并公司控股股东控制权的稀释威胁越大，其选择股权支付方式的可能性就越小，选择现金等其他支付方式的可能性就越大。目前，新闻出版企业多为国有控股，除经济利益外，政府主导的企业并购往往还掺杂着更为复杂的政治及其他社会公共职能履行等考虑，国有股东对于企业的控制权可能不容稀释，从而决定了并购支付方式的选择结果。

③ 主并公司的财务特征及未来投资机会。

主并企业的财务状况、资本结构、现金流水平、未来投资机会等均会影响并购支付方式的选择。相关研究表明，企业的现金持有量与股票支付呈负相关，而与现金支付呈正相关。当主并方持有大量现金且筹资能力较强时，选用现金支付的概率较大。我国A股市场上的出版概念上市公司除具有国有大股东背景，筹资能力较强外，大多持有大量超募现金，从其并购表现来讲，因现金支付一般不会影响企业的日常运营及投资能力，并购时这些企业很多选择以现金支付对价。但是如果并购规模过大，或者有良好的投资机会，单纯的现金支付仍将或给企业造成巨大的资金负担，或者危及企业的正常运营，或者使其丧失投资机会，这时股票或其他混合支付方式可能是更好的选择。

④ 主并公司的股价水平。

在主并公司的股价水平对并购支付方式的影响这一问题上，中外学者观点相近，即主并公司股价被高估时，多采用股票支付方式；被低估时则采用现金支付方式。股票支付一般是通过主并公司向目标公司定向增发股票来完成对其资产或股权的购买，并购期间如主并方股价水平高，增发价格往往会很理想，相对于其他支付方式，采用股票支付，主并方付出的代价较小，将更倾向于股票支付。根据信号传递理论，公司采用股票支付方式，将向市场传递公司股价被高估的信号，对公司的股价造成负面影响，导致股价向其真实价值回归。但是，根据"一鸟在手"理论逻辑，对主并方而言，股票支付形同变现，能在高点变现无疑是一个好选择。而现金支付方式将向市场传递公司股价被低估的积极信号。

⑤外部宏观环境。

理查德·H.中村（Rechard H. Nakamura）（2004）研究表明，经济周期与并购浪潮呈正相关关系。经济的繁荣与衰退会影响并购交易模式：经济繁荣时期，并购公司主要以发行股票作为并购支付方式；经济衰退时期，则较少使用股票支付方式。

在我国，除经济周期外，国家的货币政策及金融工具创新情况也在不同程度上制约企业的选择。另外，根据财政部和国家税务总局关于并购重组的相关规定，在不同的支付方式下，并购双方将承受不同的税收负担，因此也将影响并购支付方式选择。

（3）关注外部政策环境风险。

如果说此前从2013—2016年上半年的并购市场，是一个简单直接买买买的并购1.0时期，那么从2017年开始，并购已经全面进入一个配置更加有效率、成交更加有难度、利益更加均衡、金融工具越来越多样化的2.0时期。监管卡路、资产难找、交易难谈、股价难涨，做并购开始变难。❶然而物竞天择，适者生存，在并购越来越难的专业并购时代，企业更应时刻关注外部环境政策变动，做好应对准备，同时也要明白新规和变化的监管环境不是用来规避的，并购不是上

---

❶　参见产业论坛—领讯，http : //www.hllingxun.com/zhuanti/chanyezhuanti/xdh.html。

市公司大股东和管理层随意玩耍资本的舞台。所以出版传媒业在进行并购时，要时刻掌握政策导向，把脉并购投资新趋势，遵守并购相关的法律法规，在面对产业的崛起与衰落、竞争的加剧与垄断、监管的开放与围堵的大背景下，对目标公司进行合理选择，不能盲目，以此实现企业的蜕变，成就完美的并购。

7.3.3 后期整合风险应对策略

按照企业能力理论的观点，企业资源、要素的有机组合形成了企业的能力，并购可视作企业能力重塑的过程，应利用并购契机健全企业制度，合理设计激励机制。在出版传媒企业的并购整合实践中，为提高并购绩效，应切实按照《关于推动传统出版和新兴出版融合发展的指导意见》中的要求对内部组织结构进行重构再造，逐步建立顺畅高效、适应市场竞争和一体化发展的内部运行机制；应增强传统出版单位的市场竞争意识和能力，健全技术创新激励机制和容错、纠错机制，探索建立股权激励机制。

（1）经营战略与市场整合同步进行。

在出版传媒业进行跨行业并购过程中，虽然交易双方属于不同的行业，但是并购方也应该在后期的整合阶段，从经营方式、管理模式、市场定位、品牌定位、受益人群等方面出发，分析自身与其的差别。这种做法是为了将目标公司的优势充分吸收，并淘汰掉落后且与自身不符的劣势。这种不同方面的同步整合，可以大大加快并购后企业整合的周期。在快速整合的同时，并购方必须经常与目标企业的管理层沟通交流，不能单纯地依靠企业原有的方式方法来整合目标企业。一旦出现不配合的整合现象或者冲突，必须抓住任何时机迅速作出决策。

（2）坚持求同存异的原则进行文化、人力整合。

良好的人力资源整合所带来的不仅是经营成本的降低，还可以大大提升员工的工作热情，为企业创造更多的价值。

求同存异的原则非常适用企业在文化、人力方面的整合。两家企业在进行相关领域整合的过程中，要保证双方相互尊重，寻求一些相同的企业价值观、行为准则和管理方式。如果企业在文化、人力整合方面操之过急、没有充分考虑目标企业的利益，就必然会导致企业内部两极分化，在矛盾不断扩大的情况下，可能出现员工集体罢工或者出现大量辞职现象。渐进式的整合方式是适合文化、人力资源整合的，包括以下 3 个方面。

首先，也是最重要的一点，是员工的薪资问题。并购后期的整合一定要让员工看到薪资制度的变化，这样不仅可以激发合并后企业员工的工作热情，还可以避免不必要的资金损失。在进行薪资改革的时候，要顾全企业原所在地与目标公司所在地职工福利制度。如果出现降薪的情况，就一定要考虑员工在这方面的承受能力，充分解释降薪的缘由。

其次，培养员工的认同感。并购后进入一个新的组织，员工会失去他们的情感依托，可能会造成工作效率不高，这时就需要让员工充分了解新组织的历史及发展状况，并且在合并初期设立一些奖励机制，激发员工的工作积极性，使其忘却并购带来的恐慌，以此来增加员工对于新企业的归属感，高质量地为企业创造财富。

最后，企业通过并购跨入新的行业，要充分考虑并购双方的文化差异和相容性，评估双方企业的文化特质，确定合理的文化整合方向。

从融合发展过程中并购交易对象的行业特征来看，人力资源整合是其中的重中之重。信息技术、传媒及泛娱乐业均属于知识和智力的密集型行业，人力资源是企业最宝贵的资源，高端人才、创新创意人才是其传承与发展的核心要素，是在未来的竞争中取胜的关键因素。在融合发展实践中，出版传媒企业围绕上述核心问题进行了开拓性的探索和实践。城市传媒、中南传媒、长江传媒、凤凰传媒等传统出版企业已在上述政策指引下，在混合所有制企业和新创企业中积极进行骨干员工持股和股权激励试点。城市传媒、长江传媒探索推行职业经理人制度，以加大新兴媒体内容生产、技术研发、资本运作和经营管理人才的培养引进力度。上述举措值得借鉴。

7.4 案例分析：凤凰传媒并购慕和网络风险的识别、评价与应对策略

7.4.1 公司基本情况简介及并购动因

（1）凤凰传媒简介。❶

江苏凤凰出版传媒股份有限公司是全国最具影响力和规模最大的出版发行公司之一，兼有内容生产和渠道优势，是全国出版发行行业的"龙头"企业和中国上市公司的标杆企业之一。凤凰传媒的主营业务为图书、报刊、电子出版物、音像制品的编辑出版、印刷、发行，公司教育出版、一般图书出版、图书发行等主要业务板块在国内出版集团的排名均位居前列。入选"2017中国文化企业品牌价值 TOP50"，以 55.44 亿元的品牌价值位列第 11 位、新闻出

---

❶ 参见凤凰出版传媒股份有限公司简介，http：//www.ppm.cn/Html/Article/338/。

版类企业第 1 位。

　　凤凰传媒辖全资、控股公司 141 家。所属 20 多家出版机构中有 6 家出版社进入中国百佳出版社行列，被评为国家一级出版社。公司拥有销售网点 1 066 个，总面积超过 80 万平方米，网点规模和数量居全国同行第一，并拥有全国规模最大、现代化程度最高的图书物流配送中心。公司旗下海南凤凰新华出版发行公司是国内首家跨省并购重组的出版发行企业。具体如图 7-2 所示。

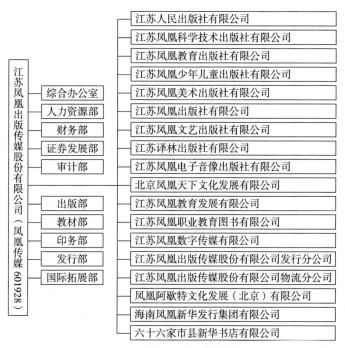

图 7-2　凤凰传媒公司组织架构 [55]

　　2017 年，凤凰传媒实现了业绩的持续增长，公司营业收入 110.50 亿元，同比增长 4.78%，利润总额 12.61 亿元，同比增长 2.62%。发行板块销售总量连续

27 年蝉联省域冠军，主要经济指标位居全国同行前列。大众出版位列国内出版
业第一阵营，是全国中小学教材第二大出版商。国家级出版大奖获奖总数位居
全国前列。智慧教育、影视、职业教育、云计算、大数据、游戏、娱乐等产业
积极拓展，形成了新旧媒体有效融合、新老业务相辅相成的产业布局。公司与
海外 30 多个国家和地区的著名出版机构保持合作，在英国、美国、加拿大、智
利、澳大利亚和新加坡设有分支机构。2014 年，并购美国出版国际公司，完成
中国出版业最大规模收购案；2015 年新设凤凰美国投资公司，建设海外文化促
进中心（见表 7–9）。

表 7–9　凤凰传媒重大股权投资

序号	出让方	主要经营活动	交易情况
1	上海泰来仁智投资中心（有限合伙）30% 的股权	投资	本期新参股公司投资 3 130.272 6 万元
2	北京三鼎梦软件服务有限公司 60% 的股权	软件开发	本期收购子公司投资 1 080 万元
3	三河市字里行间仓储有限公司 100% 的股权	物流	本期新设子公司投资 2 000 万元
4	北京译林影视文化传媒有限公司 51% 的股权	传媒	本期新设子公司投资 25.5 万元
5	北京新经典一力图书发行有限公司 40% 的股权	图书发行	本期新参股公司投资 240 万元
6	江苏凤凰优阅信息科技有限公司 56.04% 的股权	互联网技术	本期增资 1 130 万元
7	江苏凤凰新华文化发展有限责任公司 100% 的股权	文化用品销售	本期增资 2 700 万元
8	南京译林教育管理咨询有限公司 51% 的股权	商业	本期增资 255 万元

续表

序号	出让方	主要经营活动	交易情况
9	江苏凤凰广告传媒有限公司 100% 的股权	广告	本期新设子公司投资 2 000 万元
10	译林影业有限公司 49% 的股权	影视	本期增资 98 万元
11	凤凰传媒国际（伦敦）有限公司 100% 的股权	印刷、酒店经营	本期增资 1 050 万元

（2）慕和网络简介。❶

慕和网络于 2009 年成立，是一家美商独资的专业致力于手机游戏的创新型研发运营公司，在韩国和中国香港成立多家分公司。其业务面广泛，涉及网络科技、信息技术、计算机软硬件等领域内多种类型的游戏产品，旗下多款在线游戏取得辉煌业绩。如《掌上三国》《魔卡幻想》《四国战记》等纷纷在 PC、Google Android、Apple iOS、Microsoft WP7 平台成功运营，并且成功进入游戏排行榜前列；其自主研发的第一款 MMORPG 游戏，取得了巨大成功。慕和网络因此既取得了飞速发展，也涉足了更多的国际市场，在俄罗斯、美国、新加坡等地同样享有盛誉。

整合重组的上海幕和网络科技有限公司，具体涵盖了吴波、张嵘和周颢 3 位自然人股东实际控制的上海幕和网络科技有限公司、IFREE STUDIO LIMITED、Ifree Studio Inc. 和北京盛娱时代科技有限公司 4 家单位。

（3）并购动因分析。

凤凰传媒并购慕和网络原因主要有以下 4 个方面。

第一，近几年，游戏产业发展态势良好，各大产业纷纷向游戏业抛出橄

---

❶　参见慕和网络公司官网，http://www.muhenet.com/。

榄枝，博瑞传播 10 亿元收购游戏平台北京漫游谷信息技术有限公司、华谊兄弟 6.7 亿元控股银汉科技，大量资金的涌入使游戏业成为传媒业关注的焦点。是企业寻求产业转型的"快车道"。凤凰传媒并购慕和网络前，经营范围虽然广泛，但并未涉及游戏产业。所以凤凰传媒在游戏并购热情的涌动下，积极寻求游戏产业并购目标。

第二，慕和网络具有相对完整的产业链，公司在发展过程中形成了智能终端跨平台游戏研发运营，网络、手机动漫周边产业生产，无线互联网娱乐软件研发，自主软件全球化运营等都拥有慕和特色的核心业务集群，同时拥有领先的自主研发技术平台，❶ 慕和网络公司官网如 AC 报警平台、BI 数据平台、GMT 游戏管理平台，在反黑客、反作弊和数据保护方面拥有极大的优势。因此，凤凰传媒并购慕和网络有利于增强其企业竞争力。

第三，慕和网络布局多项产业，大力进行产品创新，实时更新资源，使产品处于行业领先地位。此次并购是凤凰传媒进军游戏领域、实现数字化发展战略的重要举措，有利于公司进一步拓展数字化业务，实现内容的多层次开发和价值的全方位创造，扩大业务规模，提升公司业绩，强化公司的品牌和影响力。

第四，慕和网络商业模式合理，具有严格的内部控制机制，由此保证公司的持续盈利能力，并且公司大多数员工都是高级管理人员及掌握行业核心技术的人员，对于行业发展的判断及职业素养均有良好保证。凤凰传媒收购慕和网络股权，有利于其迅速切入游戏领域，实现凤凰传媒互联网游戏板块的跨越式发展，符合公司发展战略。

---

❶ 参见慕和网络公司官网，http://www.muhenet.com/。

7.4.2　并购风险识别

7.4.2.1　前期战略风险

（1）战略决策风险。

企业并购的根本目的在于获得对方的重要资源，从而实现自身价值的增加和业务的拓展。凤凰传媒通过并购慕和网络进军游戏业，是一项战略性并购。通过并购慕和网络，有利于公司迅速切入游戏领域，实现凤凰传媒数字出版产业及互联网游戏板块的跨越式发展，增强了自身的行业竞争力，符合公司发展战略。凤凰传媒虽为出版业的"龙头"企业，但在手游方面资历尚浅，在进入手游产业之前，应在战略上给予充分的重视，既要明确是为了迅速拓宽行业领域，也要考虑并购后是否会造成核心团队人员的流失，而导致无法获取慕和网络的核心资源，无法达到预期的经济效益等风险。

（2）目标企业价值评估风险。

凤凰传媒此次收购慕和网络采用收益法进行评估，凤凰传媒认为慕和网络的主要业务为平台服务和软件游戏，对于这种轻资产的公司，凤凰传媒认为其人力资本、商业模式、核心竞争力才是其价值来源，不适用于采用成本法，因而采用收益法。根据收益法评估结果，在评基准日 2013 年 5 月 31 日的净资产账面值为 4 215.08 万元，评估后的股东全部权益价值为 4.86 亿元，评估值比账面值增加 4.43 亿元，增值率为 1 052.14%，❶凤凰传媒溢价 10 倍控股慕和网络。纵观近几年美国并购案例，并购交易价格仅比二级市场交易价格高1/5 左右，而国内的并购交易溢价普遍偏高。从企业的价值评估程序可以看出，

---

❶　参见凤凰传媒（601928）公告，http：//www.ppmg.cn/。

估价方法一般采用多种方法来综合评价企业价值,见图 7-3。凤凰传媒在并购时,也需要尽可能规避使用一种方法估值的风险,全面准确估量目标公司的价值。

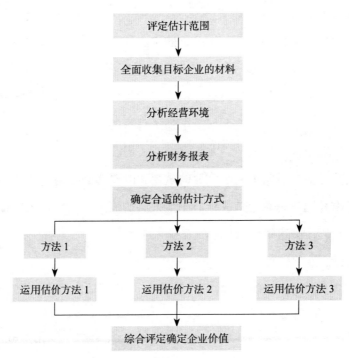

图 7-3　企业价值评估流程图

7.4.2.2　中期交易风险

(1)外部环境风险。

目标企业外部环境风险是与并购双方生产经营管理状况无关的一类外部风险。就跨行业并购而言,目标企业所在行业的经济政策以及市场状况都属于目标企业外部环境风险。

从外部环境状况来看，行业领先的手游公司一度十分抢手，很多企业都在寻求具有优质资质的手游企业进行并购，如掌趣科技 8.1 亿元收购动网先锋、华谊兄弟 6.7 亿元控股银汉科技、博瑞传播 10 亿元收购北京漫游谷信息技术有限公司，此前人民网曾有意收购慕和网络，最后凤凰传媒以两倍价格完成目标的收购。由于游戏业的并购热而高溢价收购目标公司，可能造成盲目并购，企业在进行并购时要谨慎。

（2）支付方式选择风险。

凤凰传媒以现金 31 040 万元认购慕和网络部分股权。凤凰传媒此次并购采取现金支付的方式，虽然现金是最快、最有效率的支付方式，但是也会造成企业自有现金流短缺的风险。

2012—2014 年，凤凰传媒发生诸多起并购，财务指标及现金流情况也发生了显著变化，如表 7–10 和表 7–11 所示。

表 7–10　凤凰传媒偿债能力变化

项目	2012 年 12 月 31 日	2013 年 12 月 31 日	2014 年 12 月 31 日
资产负债率（%）	36	38	40
流动比率（%）	1.83	1.46	1.19
速动比率（%）	1.62	1.22	0.94

表 7–11　凤凰传媒 2012—2014 年现金流情况表

年份	投资活动产生的现金流量净额（亿元）	投资活动现金流出（亿元）	同比增长（%）
2012	−19.56	41.38	192.33
2013	−21.02	63.95	54.56
2014	−14.10	59.33	−10.83

由于大量采用现金支付方式，资产负债率逐年上升，流动比率和速动比率逐年下降，凤凰传媒的偿债能力降低，并且企业由于投资多产生的现金流已经为负数，财务风险上升。

7.4.2.3 后期整合风险

（1）人力资源整合风险。

凤凰传媒入股慕和网络之后，慕和网络发生了很大变化，可能由于对未知新组织的陌生感和对不同行业文化的距离感，核心团队多人离职，雪上加霜的是公司原CEO吴波也突然去世，这无疑给凤凰传媒带来了巨大的危机和考验。核心技术和管理人员的流失，使凤凰传媒面临人力资源的整合风险。手游产业最核心的竞争力就是"人"，有了掌握游戏创意的人，才能开发更受欢迎的软件游戏，而凤凰传媒的并购直接导致核心人员的离职，出现了较大人事变动，在这种情况下，对于公司业务的开展及后续的资源整合产生了不利的影响。

（2）技术整合风险。

并购后，凤凰传媒面对核心团队的离职，同样带来了核心技术——游戏创意的流失，由于核心技术人员的离开，不能开发更多受欢迎的游戏，势必会给慕和网络的经济效益带来损失，凤凰传媒面临较大核心技术短缺的危险，企业如何迅速掌握核心技术来弥补游戏创意的缺失成为凤凰传媒需要解决的重要问题。

（3）文化经营整合风险。

凤凰传媒并购慕和网络虽然没有不同民族文化背景的差异，但是企业文化所影响的经营方式和管理手段会导致员工之间存在不同的思考、行为方式。凤凰传媒作为出版业的"龙头"企业，其关注重心是在传统的编印发产业链上拓展出版内容数字化的加工与投送，而游戏行业的关注重心是创意创新，只有创新才有市场。将两种不同的企业文化进行完美的融合，是一个复杂而艰难的过程。由于企业文化差异具有客观存在性，不以人的意志为转移，因此，企业进行跨行业并购活动所产生的文化经营整合风险是难以规避的。在并购交易过程中，资产、战略、技术、组织等问题的调研与分析往往受到并购方的密切关注，文化差异和文化整合问题经常被忽视，如果不能恰当地处理文化所带来的冲突，那么就可能会形成更大范围的对抗，给企业的正常运营带来冲击。

7.4.3 并购风险评价

7.4.3.1 凤凰传媒并购慕和网络风险指数评估

综合考虑凤凰传媒并购慕和网络的各种情况，我们对其并购风险进行评估。具体内容如下。

（1）结合文献中对于各层次评价指标重要性的讨论，分别构建判断矩阵并借助计算机软件 yaahp7.5 进行相应的计算，得到各个判断矩阵的一致性检验以及权重，见表 7-12 至表 7-15。

表 7-12 准则层评价指标结果（判断矩阵、权重、一致性检验）

内容	前期战略风险	中期交易风险	后期整合风险	权重	一致性检验
前期战略风险	1	4	1/3	0.279 7	$\lambda_{max} = 3.085\ 8$
中期交易风险	1/4	1	1/5	0.093 6	
后期整合风险	3	5	1	0.626 7	$CR = 0.082\ 5 < 0.1$

表 7-13　指标层——前期战略风险评价指标结果（判断矩阵、权重、一致性检验）

内容	战略决策风险	目标企业价值评估风险	权重	一致性检验
战略决策风险	1	3	0.750 0	$\lambda_{max} = 2.000\ 0$
目标企业价值评估风险	1/3	1	0.250 0	CR = 0.000 0 < 0.1

表 7-14　指标层——中期交易风险评价指标结果（判断矩阵、权重、一致性检验）

内容	外部环境风险	支付方式选择风险	权重	一致性检验
外部环境风险	1	1/5	0.166 7	$\lambda_{max} = 2.000\ 0$
支付方式选择风险	5	1	0.833 3	CR = 0.000 0 < 0.1

表 7-15　指标层——后期整合风险评价指标结果（判断矩阵、权重、一致性检验）

内容	人力资源整合风险	技术整合风险	文化经营整合风险	权重	一致性检验
人力资源整合风险	1	6	4	0.701 0	$\lambda_{max} = 3.009\ 2$
技术整合风险	1/6	1	1/2	0.106 1	CR = 0.626 7 < 0.1
文化经营整合风险	1/4	2	1	0.192 9	

（2）根据准则层和指标层权重的计算，我们可以得到最终各风险因素在目标层中的重要程度值，即

$$E = \{E_1, E_2, \cdots, E_7\} = \{A_1B_1, A_1B_2, A_1B_3, A_1B_4, A_2B_5, A_2B_6, A_3B_7\}$$

$$= \{0.046\ 6, 0.233\ 1, 0.070\ 2, 0.023\ 4, 0.439\ 3, 0.066\ 5, 0.120\ 9\}$$

（3）通过对 20 位专业人士针对风险因子的风险等级进行问卷调查，统计如表 7-16、表 7-17 所示。

表 7-16　风险因素风险等级调查统计表（人数）

指标	高	较高	一般	较低	低
战略决策风险	1	4	5	4	6
目标企业价值评估风险	2	5	6	4	3
外部环境风险	1	4	6	5	4
支付方式选择风险	1	5	3	6	5
人力资源整合风险	3	6	5	4	2
技术整合风险	3	3	4	8	2
文化经营整合风险	2	4	4	6	4

对调查数据进行归一化处理，得到模糊综合评价矩阵 R。

表 7-17　模糊综合评价矩阵表

指标	高	较高	一般	较低	低
战略决策风险	0.05	0.2	0.25	0.2	0.3
目标企业价值评估风险	0.1	0.25	0.3	0.2	0.15
外部环境风险	0.05	0.2	0.3	0.25	0.2
支付方式选择风险	0.05	0.25	0.15	0.3	0.25
人力资源整合风险	0.15	0.3	0.25	0.2	0.1
技术整合风险	0.15	0.15	0.2	0.4	0.1
文化经营整合风险	0.1	0.2	0.2	0.3	0.2

（4）得出评价结果。

$Q = E \cdot R = \{0.118\,2, 0.253\,4, 0.253\,5, 0.231\,3, 0.143\,6\}$

通过上述对于风险评价结果得出的概率，凤凰传媒收购慕和网络这项跨行业并购风险的得分为 $Q = 20 \times 0.118\,2 + 40 \times 0.253\,4 + 60 \times 0.253\,5 + 80 \times 0.231\,3 + 100 \times 0.143\,6 = 60.574$，说明此次并购风险等级处于中等阶段，但可以实施，要注意规避相关风险。

7.4.3.2　评估结论

通过利用模糊综合评判法对凤凰传媒并购慕和网络这一出版传媒跨行业并购案例进行风险评价，得出结论：此次并购整合风险所占权重相对较高，风险主要来自人员流失所带来的核心技术的短缺；交易风险次之，风险主要来自外部环境中政策的变动及审批过程的不确定性所带来的并购中断；战略风险所占权重较小，风险主要来自战略决策的制定及企业价值评估。这一并购案例风险等级处于中等水平，可以实施，但要采取有效控制措施来规避风险。

7.4.4　并购风险应对策略

7.4.4.1　前期战略风险应对措施

出版传媒企业在进行并购前，要制定目标清晰、战略可行的并购决策，符合企业的长期战略规划。要学会审时度势，把握政策方向，对于跨行业寻求突破的目的要明确，是仅仅为了顺应潮流，做行业并购的"追随者"，还是为了寻求企业更好的发展，做跨领域融合的"开拓者"。

凤凰传媒在进行并购前，公司有着明确的发展战略：以改革创新、转型升级为动力，加快成为以书业为核心、以物业为依托、以数字技术为基础的多元化、全媒体的新型传媒企业，打造世界出版强企。并购完成后，凤凰传媒以慕和网络为主发起人，设立手游并购基金，不断挖掘优质手游产品开发团队，并购两家手游开发公司，初步找到了一条低成本、高效率的路子。[56]

凤凰传媒在并购的战略制定时，充分考虑到主营业务与辅助业务的关系，对于跨入的行业定位清晰明确，对于目标企业的行业选择，结合自身实际情况，关注外部环境政策变动，把握政策利好从而作出正确选择，并购后，积极制定新的手游行业发展战略，没有落入同质化的套路中，避免了盲目扩张。

7.4.4.2　中期交易风险应对措施

凤凰传媒在并购过程的价值评估阶段，选择由专业的中介机构——中联资产评估集团有限公司提供价值评估服务。经中瑞岳华会计师事务所审计，慕和网络最近一年的财务状况见表 7–18。

表 7–18　公司资产、负债及财务状况

金额单位：万元

项目	2013 年 5 月 31 日	2012 年 12 月 31 日	2011 年 12 月 31 日
资产	7 072.41	4 274.81	1 802.74
负债	2 857.33	2 318.45	777.59
净资产	4 313.74	2 012.95	1 064.54
科目	2013 年 1~5 月	2012 年	2011 年
主营业务收入	6 932.60	6 822.60	—
利润	2 388.52	695.06	—
净利润	2 300.76	695.06	—

（1）评估方法的选择。

依据资产评估准则的规定，企业价值评估可以采用资产基础法、收益法和市场法 3 种方法。资产基础法是指在合理评估企业各项资产价值和负债的基础上确定评估对象价值的评估思路。收益法是指企业整体资产预期获利能力的量化与现值化，强调的是企业的整体预期盈利能力。市场法是以现实市场上的参照物来评价估值对象的现行公平市场价值，它具有估值数据直接取材于市场，估值结果说服力强的特点。市场法是指将被评估企业与可比较的参考企业即在市场上交易过的可比企业、股权、证券等权益性资产进行比较，以参考企业的交易价格为基础，加以调整修正后确定其价值的评估方法；市场法以市场实际交易为参照来评价评估对象的现行公允市场价值，具有评估过程直观、评估数据取材于市场的特点。但运用市场法需要获得合适的市场交易参照物，在市场价格波动较大的时候需要关注该方法的适用性或对有关数据进行必要调整。中联资产评估公司认为，因为本次无法在市场上交易过的企业中寻找到与被评估企业相类似的交易案例，无法通过对其价值进行比较和调整修正得出被评估企业的价值，不具备采用市场法评估的条件，故本次不采用市场法进行评估。结合委估对象的实际情况，中联资产评估公司综合考虑各种影响因素，确定采用资产基础法和收益法进行评估。

（2）评估程序实施过程和情况。

依据中联资产评估公司于 2013 年 8 月 18 日出具的关于慕和网络的《资产评估报告》，整个评估工作分为以下 4 个阶段进行。

评估准备阶段：2013 年 6 月中旬，评估机构接受委托，就本次评估的目的、评估基准日、评估范围等问题与委托方协商一致，并制订出本次资产评估工作计划。接下来配合企业进行资产清查、填报资产评估申报明细表等工作。评估项目组人员对委估资产进行了详细了解，布置资产评估工作，协助企业进行委估资产申报工作，收集资产评估所需文件资料。

现场评估阶段：项目组现场评估阶段的时间为 2013 年 6 月 16 日至 6 月 22 日。主要工作包括：①听取委托方及被评估单位有关人员介绍企业总体情况和被评估资产的历史及现状，了解企业的财务制度、经营状况、固定资产技术状态等情况；②对企业提供的资产清查评估申报明细表进行审核、鉴别，并与企业有关财务记录数据进行核对，对发现的问题协同企业作出调整；③根据资产清查评估申报明细表，对固定资产进行了全面清查核实，对流动资产中的存货类实物资产进行了抽查盘点；④查阅收集被评估资产的产权证明文件；⑤根据被评估资产的实际状况和特点，确定各类资产的具体评估方法；⑥对车辆及电子设备，主要通过市场调研和查询有关资料收集价格资料；⑦对企业提供的权属资料进行查验；⑧对评估范围内的资产及负债，在清查核实的基础上作出初步评估测算。

评估汇总阶段：2013 年 6 月 23 日至 7 月 31 日对各类资产评估及负债审核的初步结果进行分析汇总，对评估结果进行必要的调整、修改和完善。

提交报告阶段：在上述工作基础上，起草资产评估报告，与委托方就评估结果交换意见，在全面考虑有关意见后，按评估机构内部资产评估报告三审制度和程序对报告进行反复修改、校正，最后出具正式资产评估报告。

（3）评估结论。

中联资产评估公司根据国家有关资产评估的法律、法规、规章和评估准则，本着独立、公正、科学、客观的原则，履行了资产评估法定的和必要的程序，分别采用资产基础法和收益法，对整合重组后的上海慕和网络科技有限公司纳入评估范围的资产实施了实地勘察、市场调查、询证和评估计算，得出以下结论。

①资产基础法评估结论。

采用资产基础法对整合重组后的上海慕和网络科技有限公司（模拟整合重组）全部资产和负债进行评估得出的评估基准日 2013 年 5 月 31 日的评估结论如下。

资产账面价值 7 072.41 万元，评估值 11 165.87 万元，评估增值 4 093.46 万元，增值率 57.88%。

负债账面价值 2 857.33 万元，评估值 2 857.19 万元，评估减值 −0.14 万元。

净资产账面价值 4 215.08 万元，评估值 8 308.68 万元，评估增值 4 093.60 万元，增值率 97.12%。详见表 7–19。

表 7–19　资产评估结果汇总表

评估基准日：2013 年 5 月 31 日

被评估单位：上海慕和网络科技有限公司（模拟整合重组）

项目	账面价值（万元）	评估价值（万元）	增减值（万元）	增值率（%）
流动资产	5 736.40	5 736.40	—	—
非流动资产	1 336.01	5 429.47	4 093.46	306.39
其中：长期股权投资				
投资性房地产				
固定资产	405.30	374.05	−31.25	−7.71
在建工程				
无形资产	474.73	4 511.68	4 036.95	850.37
开发支出	455.98	543.74	87.76	19.25
资产总计	7 072.41	11 165.87	4 093.46	57.88
流动负债	2 857.33	2 857.19	−0.14	—
非流动负债	—	—	—	—
负债总计	2 857.33	2 857.19	−0.14	—
净资产（所有者权益）	4 215.08	8 308.68	4 093.60	97.12

② 收益法评估结论。

经实施清查核实、实地勘察、市场调查和询证、评定估算等评估程序，采用现金流折现法（DCF）对企业股东全部权益价值进行评估。整合重组后的上海慕和网络科技有限公司在评估基准日 2013 年 5 月 31 日的净资产账面值为 4 215.08 万元，评估后的股东全部权益价值（净资产）为 48 502.50 万元，评估值比账面值增加 44 287.42 万元，增值率为 1 050.69%。

（4）评估结果分析及最终评估结论。

中联资产评估公司于 2013 年 8 月 18 日出具的关于慕和网络的《资产评估报告》中就本次评估给出的结论性意见如下。

① 评估结果的差异分析。

本次评估采用收益法得出的股东全部权益价值为 48 502.50 万元，比资产基础法测算得出的股东全部权益价值 8 308.68 万元高 40 193.82 万元，差异率为483.76%。两种评估方法差异的原因主要是：a. 资产基础法评估是以资产的成本重置为价值标准，反映的是资产投入（购建成本）所耗费的社会必要劳动，这种购建成本通常将随着国民经济的变化而变化；b. 收益法评估是以资产的预期收益为价值标准，反映的是资产的产出能力（获利能力）的大小，这种获利能力通常将受到宏观经济、政府控制和资产的有效使用等多种因素的影响。

上海慕和网络科技有限公司是一家从事手机网络游戏开发运营的公司，属于轻资产公司，其收益主要取决于付费用户对其团队开发出来的手游产品的认可及使用，从公司历年开发的产品来看，主打产品的市场占用率相对还是比较高的。资产基础法从资产投入的角度进行评估，无法体现其团队智力劳动成果、公司运营模式、客户资源等商誉的价值。因此造成了此次资产基础法和收益法估值之间差异较大。

② 评估结果的选取。

整合重组后的上海慕和网络科技有限公司是立足于手游行业的公司，其主要业务内容为开发软件产品和提供平台服务等。资产基础法评估是以资产的成本重置为价值标准，反映的是资产投入（购建成本）所耗费的社会必要劳动，是从资产构建角度客观地反映企业净资产的市场价值的，而这种轻资产的公司，其资质、人力资本、客户和商业模式才是其价值的来源，这些在收益法评估中是体现不出来的。

综上，选用收益法评估结果作为本次整合重组后的上海慕和网络科技有限公司股东全部权益的价值参考依据。由此得到整合重组后的上海慕和网络科技有限公司股东全部权益在评估基准日的价值为 48 502.50 万元。

凤凰传媒在进行目标企业价值评估时，通过选取大型的、经验丰富的评估机构提供价值评估服务，采取多种评估方式并行的方式，进行了必要的并购尽职调查，全面了解企业的经营状况、财务指标、盈利能力等，并与同类型及同行业的公司进行比较，可以充分降低由于信息不对称、被并购方故意隐瞒企业信息所带来的风险。

7.4.4.3　后期整合风险应对措施

凤凰传媒并购成功后，在跨行业经营过程中，如何融入并运营新的企业，如何应对激烈的市场竞争并取得效益，是一个十分迫切的问题。培训新员工、充分激励老员工才能提升企业的凝聚力，提高企业的竞争力。面对并购后人才的流失问题，凤凰传媒尽力安抚在职老员工的情绪，不剥夺老员工原有的福利待遇，使他们面对新的环境不陌生，有保障，并通过股权激励及其他激励方式，提高骨干员工的工作积极性。同时招聘具有手游经验的新员工，使并购后的企业平稳运行，并因此在开拓新的领域的同时，保持了企业原有的竞争力。

同时，减少对目标公司的直接干预。对慕和网络的企业文化既保留又创新，并为其提供新的资源、新的模式、新的发展战略和新的产业格局，使慕和网络与凤凰传媒协同发展，形成具有行业竞争力的产业链条，提高了企业的经营效益，为凤凰传媒注入了新的活力。

7.5　研究结论及不足之处

随着国家经济的发展，并购已经成为企业转型升级的重要手段。中国出版传媒企业在进行跨行业并购时，面临着战略风险、交易风险、整合风险等诸多挑战，这些风险影响着中国出版传媒企业走多元化发展战略的顺利实施。关注出版传媒业并购风险，有利于中国出版传媒企业更好更快地发展。本章以出版传媒业跨行业并购风险为研究对象，通过总结分析企业并购的相关研究文献，了解目前企业并购风险的分析方式，将理论与案例相结合，采用层次分析模糊综合评判法对企业跨行业并购风险进行评价，并对把控出版业并购风险提出应对策略。

（1）本章通过建立模糊综合评价模型，对出版传媒企业跨行业并购风险进行定量分析，把定性的问题具体化，计算出每个风险因子的权重，能更清晰地分辨出出版传媒企业跨行业并购的重要风险因素，从而更加有效地规避重大风险。

（2）案例中，根据层次分析法计算出来的结果，我们得出的结论是本次并购，整合风险所占权重相对较高，交易风险次之，战略风险所占权重最小，风险主要来自战略决策的制定及企业价值评估。因此，为防范出版传媒企业跨行业并购风险，需要注意以下4个方面：关注外部环境政策风险，紧跟政策导向；经营战略与市场整合同步进行；坚持求同存异的文化与人力整合；价值评估要科学审慎。

企业并购是一个多层次、多动态的研究课题，本章在研究过程中主要以理论分析为主，缺乏从实证的角度对出版传媒企业并购风险进行全面系统的检验，没有对案例的所有风险进行系统深入地考察；本章使用层次分析法对出版传媒业跨行业并购风险进行研究，数据收集采用专家打分表的形式，不可避免地存在专家主观评价带来的结果偏差。上述方面有待进一步完善。

参考文献

[1] RAVENSCRAFT D J, SCHERER F M. Life after takeover[J]. Journal of Industrial Economics, 1987, 36（36）: 147-156.

[2] AGRAWAL A, JAFFE J F, MANDELKER G N. The post-merger performance of acquiring firms : a re-examination of an anomaly[J]. Journal of Finance, 1992, 47（4）: 1605-1621.

[3] BRUNER R F. Does M&A pay? A survey of evidence for the decision-maker[J]. Journal of Applied Finance, 2002 : 16-21.

[4] GRAFTON J, LILLIS A M, WIDENER S K. The role of performance measurement and evaluation in building organizational capabilities and performance[J]. Accounting Organizations & Society, 2010, 35（7）: 689-706.

[5] ABUZOV R, GRIGORIEVA S. The performance of mergers and acquisitions in developed capital markets of Western Europe[J]. Journal of Embryology & Experimental Morphology, 2015, 76 : 297-331.

[6] GRIGORIEVA S, PETRUNINA T. The performance of mergers and acquisitions in emerging capital markets : new angle[J]. Journal of Management Control, 2015, 26（4）: 377-403.

[7] 张翼, 乔元波, 何小锋. 我国上市公司并购绩效的经验与实证分析 [J]. 财经问题研究, 2015（1）: 60-67.

[8] 刘焰.行业生命周期、企业生命周期与混合并购绩效的实证研究 [J].中南财经政法大学学报，2017（7）：46-57.

[9] 郭建峰，樊云，王丹，等.上市公司横向并购资本运营绩效实证研究 [J].工业技术经济，2017（10）：125-130.

[10] 程聪,钟慧慧,钱加红.企业绩效评价方式与并购绩效 Meta 分析 [J].科研管理,2018(3）：11-19.

[11] 黄生权，张思雯.政治关联、内部控制与并购绩效 [J].财会通讯，2018（2）：74-77.

[12] 杨懿丁.高管持股、多元化战略与公司长期并购绩效 [J].财会通讯，2018（2）：78-81.

[13] REUTER J J. Mitigating risk in international mergers and acquisitions：the role of contingent payouts[J].Journal of International Business Studies，2004，35（1）：19-32.

[14] WENDT D，TILLEN J，MOYER H. M&A risks rise without pre-closing due diligence.[J]. Financial Executive，2010，26（7）：48-50.

[15] JAMES W，BEDFORD，EHLER M.Shell games：on the value of shell companie[J]. Journal of Corporate Finance，2011（17）：850-867.

[16] GOBODO，NONKULULEKO.Mergers：risks and opportunities[J].Accountancy SA，2011（12）：20.

[17] ALBERT BANALESTANOL. Understanding reverse mergeral[J].Business Economics Series，2011（11）：103-137.

[18] NITIN VAZIRANI.The value of capital markct regulation：IPOs versus reverse mergers[J]. Jounrnal of Empirical Legal Studies，2012（1）：9.

[19] 杨道广，张传财，陈汉文.内部控制、并购整合能力与并购业绩——来自我国上市公司的经验证据 [J].审计研究，2014（5）：43-50.

[20] 王永綦.企业海外并购风险的识别与评估 [J].重庆社会科学，2015（12）：39-44.

[21] 宋霞.目标企业税务规避、违规风险与并购绩效 [J].会计之友，2017（8）：99-105.

[22] 张文珂，张芳芳，刘淑莲.企业信息风险如何引致市场资源配置活动？——基于并购重组的视角 [J].会计研究，2017（11）：72-79.

[23] 郭建全，陈娟，王疆．并购经验、政治风险与多元化并购 [J]．哈尔滨商业大学学报（社会科学版），2017（7）：34-41.

[24] 曾春华，章翔，胡国柳．高溢价并购与股价崩盘风险：代理冲突抑或过度自信？[J]．商业研究，2017（6）：124-130.

[25] 王玉红，曲波．上市公司并购中的财务风险及防范对策 [J]．财务与会计，2018（4）：70-71.

[26] 李晓．基于平衡计分卡的海外并购整合绩效评估体系研究 [D].青岛：中国海洋大学，2013.

[27] 刘慧颖．企业并购风险研究 [D].大连：东北财经大学，2007.

[28] 邓铁军．工程风险管理 [M].北京：人民交通出版社，2004.

[29] 任翔．欧美出版集团的跨界并购与融媒创新 [J].科技与出版，2015（10）：4-9.

[30] 黄本多，干胜道．自由现金流量、并购溢价与我国上市公司并购绩效的实证研究 [J].华东经济管理，2009，（4）：139-144.

[31] 裴慧奇．我国上市公司并购溢价影响因素研究 [D].哈尔滨：哈尔滨工业大学，2011.

[32] 于成永，邵巍．并购溢价率评估模型中控制权因素研究 [J].会计之友，2015（12）：10-14.

[33] 潘爱玲，刘文楷，王雪．管理者过度自信、债务容量与并购溢价 [J].南开管理评论，2018（6）：35-45

[34] 汤巍．浅谈企业私募股权融资对赌协议 [J].企业导报，2012（1）：136.

[35] 曾航．疯狂的游戏并购 [J].中国中小企业，2013（8）：44-46.

[36] 王楠．文化企业并购风险的识别、评价及防范研究——以蓝色光标并购 Huntworth 为例 [D].济南：山东大学，2016.

[37] 姚水洪．企业并购整合问题研究：面向核心竞争能力提升的并购后整合分析 [M].北京：中国经济出版社，2005.

[38] 宋秀珍．民营企业跨国并购风险识别与评价研究——以联想集团并购巴西 CCE 为例 [J].中国乡镇企业会计，2013（10）：5-7.

[39] 许华伟．我国商业银行并购贷款业务发展研究 [J].经济问题探索，2012，10：11-20.

[40] 袁立，杜晓．我国上市公司跨行业并购企业因素影响浅析 [J].科技与企业，2013，9：17-23.

[41] 徐静霞，赵伟．企业并购模式选择的理论思考 [J].沈阳农业大学学报，2004（4）：36-51.

[42] 吴文耀．并购重组中融资问题的研究 [D].上海：上海交通大学，2012.

[43] 柳灯，王冠．首单并购企业债已发行"净资产40%"铁律再考量 [N].21世纪经济报，2014-06-05.

[44] 许付漪．定向增发私募渐失光环 借道专户搞创新 [N].中国证券报，2012-11-26.

[45] 马善玲．并购支付方式与并购绩效关系研究 [D].大连：东北财经大学，2012.

[46] 刘椿洋．我国上市公司并购支付方式选择研究 [D].哈尔滨：哈尔滨工程大学，2010.

[47] 段科夫．企业并购支付方式选择研究 [D].合肥：合肥工业大学，2012.

[48] 林松．横向战略并购应用于出版业的思考 [J].科技与出版，2005，5：14-21.

[49] 耿琳．上市公司并购支付方式选择影响因素研究 [D].东北财经大学，2011.

[50] 姚轩杰．凤凰传媒溢价10倍控股慕和网络 [N].中国证券报，2013-8-22.

[51] 邹璐．财务视角下企业并购协同效应分析 [J].会计师，2014（12）：31-33.

[52] 王雪梅．并购整合在企业发展中的作用 [J].财经研究，2010（8）：60-63.

[53] 朱敏．出版企业上市融资问题研究 [D].苏州：苏州大学，2009.

[54] 王晶．对游戏厂商收购接连终止 天舟文化转型遇"阵痛" [N].每日经济新闻，2017-12-05.

[55] 邵莉．资产评估中的成本法与收益法的优缺点 [J].财经界，2014：58-59.

[56] 闫理，王晓燕．新政策下企业并购融资与支付风险管理探索 [J].商业会计，2011-04-10.

附　录

附录 A　并购事件样本

表 A-1　并购事件样本概述

股票代码	股票名称	最新公告日期	获得方全称	买方支付金额（万元）	总价值（万元）
600757.SH	长江传媒	2013-03-14	长江出版传媒股份有限公司（600757.SH）	—	—
600757.SH	长江传媒	2012-01-30	长江出版传媒股份有限公司（600757.SH）	—	253 506.36
000719.SZ	大地传媒	2011-07-01	中原大地传媒股份有限公司（000719.SZ）	—	136 925.92
600633.SH	浙报传媒	2013-05-07	浙报数字文化集团股份有限公司（600633.SH）	319 994.78	319 994.78
600880.SH	博瑞传播	2013-11-09	成都博瑞传播股份有限公司（600880.SH）	103 600.00	103 600.00
300373.SH	中文传媒	2015-01-24	中文天地出版传媒股份有限公司（300373.SH）	101 080.00	266 000.00
000793.SZ	华闻传媒	2014-11-26	华闻传媒投资集团股份有限公司（000793.SZ）	95 591.00	279 944.00
000793.SZ	华闻传媒	2013-02-06	华闻传媒投资集团股份有限公司（000793.SZ）	68 000.00	68 000.00
000607.SZ	华媒控股	2016-08-29	浙江华媒控股股份有限公司（000607.SZ）	52 200.00	52 200.00
601928.SH	凤凰传媒	2015-04-22	江苏凤凰出版传媒股份有限公司（601928.SH），江苏凤凰文艺出版社有限公司	49 498.33	49 498.33

续表

股票代码	股票名称	最新 公告日期	获得方全称	买方支付 金额（万元）	总价值 （万元）
000719.SZ	大地传媒	2014-08-21	中原大地传媒股份有限公司 （000719.SZ）	44 370.00	295 800.46
000607.SZ	华媒控股	2014-12-10	华立集团股份有限公司	37 011.42	37 011.42
601928.SH	凤凰传媒	2013-04-08	江苏凤凰出版传媒股份有限公司 （601928.SH），江苏凤凰置业有 限公司	27 676.48	27 676.48
600633.SH	浙报传媒	2012-08-15	浙报传媒集团股份有限公司 （600633.SH）	26 000.00	26 000.00
300364.SZ	中文在线	2016-12-27	中文在线数字出版集团股份有限 公司（300364.SZ）	25 000.00	25 000.00
600825.SH	新华传媒	2015-12-29	上海明款投资发展中心（有限合 伙）（600825.SH）	20 318.66	20 318.66
600880.SH	博瑞传播	2016-10-10	成都博瑞传播股份有限公司 （600880.SH）	16 800.00	16 800.00
601098.SH	中南传媒	2015-08-26	湖南省新华书店有限责任公司 （601098.SH）	16 000.00	16 000.00
600825.SH	新华传媒	2014-04-29	上海文化产业股权投资基金合伙 企业（有限合伙），上海联创永钦 创业投资企业（有限合伙） （600825.SH）	13 849.00	13 849.00
000767.SZ	漳泽电力	2013-04-10	中国科技出版传媒股份有限公司， 中国文化产业投资基金 （000767.SZ）	13 800.00	13 800.00
600633.SH	浙报传媒	2015-08-29	浙报传媒集团股份有限公司 （600633.SH）	9 600.00	9 600.00
601098.SH	中南传媒	2013-04-09	中南出版传媒集团股份有限公司 （601098.SH）	8 000.00	8 000.00
600633.SH	浙报传媒	2014-04-16	浙报传媒集团股份有限公司 （600633.SH）	6 725.00	6 725.00
600880.SH	博瑞传播	2012-08-10	成都博瑞传播股份有限公司 （600880.SH）	5 000.00	5 000.00
600633.SH	浙报传媒	2014-04-16	浙报传媒集团股份有限公司 （600633.SH）	3 339.63	3 339.63

续表

股票代码	股票名称	最新公告日期	获得方全称	买方支付金额（万元）	总价值（万元）
600633.SH	浙报传媒	2015-08-29	浙报传媒集团股份有限公司（600633.SH）	3 201.96	3 201.96
601801.SH	皖新传媒	2012-03-29	安徽新华传媒股份有限公司（601801.SH）	1 882.40	1 882.40
000607.SZ	华媒控股	2013-04-26	刘建慧	500.00	500.00
600551.SH	时代出版	2014-04-16	时代出版传媒股份有限公司（600551.SH）	100.47	100.47
300654.SZ	世纪天鸿	2016-05-06	北京多百教育投资有限公司（300654.SZ）	56.50	56.50

附录 B　总方差解释表

表 B-1　并购前一年总方差解释

因子	初始特征值			提取载荷平方和			旋转载荷平方和		
	总计	方差百分比（%）	累积（%）	总计	方差百分比（%）	累积（%）	总计	方差百分比（%）	累积（%）
1	2.892	41.316	41.316	2.892	41.316	41.316	2.426	34.660	34.660
2	1.715	24.500	65.816	1.715	24.500	65.816	2.163	30.898	65.558
3	1.037	14.820	80.636	1.037	14.820	80.636	1.055	15.078	80.636
4	0.534	7.623	88.259						
5	0.499	7.135	95.394						
6	0.255	3.639	99.032						
7	0.068	0.968	100.000						

表 B-2　并购当年总方差解释

因子	初始特征值			提取载荷平方和			旋转载荷平方和		
	总计	方差百分比（%）	累积（%）	总计	方差百分比（%）	累积（%）	总计	方差百分比（%）	累积（%）
1	2.794	39.919	39.919	2.794	39.919	39.919	2.343	33.477	33.477
2	1.509	21.553	61.472	1.509	21.553	61.472	1.757	25.102	58.579
3	1.247	17.810	79.281	1.247	17.810	79.281	1.449	20.703	79.281
4	0.845	12.065	91.347						
5	0.325	4.639	95.985						
6	0.201	2.865	98.850						
7	0.080	1.150	100.000						

表 B-3　并购后一年总方差解释

因子	初始特征值			提取载荷平方和			旋转载荷平方和		
	总计	方差百分比（%）	累积（%）	总计	方差百分比（%）	累积（%）	总计	方差百分比（%）	累积（%）
1	3.747	53.523	53.523	3.747	53.523	53.523	2.805	40.067	40.067
2	1.215	17.364	70.886	1.215	17.364	70.886	1.934	27.632	67.699
3	.871	12.438	83.324	.871	12.438	83.324	1.094	15.626	83.324
4	0.570	8.149	91.473						
5	0.356	5.082	96.555						
6	0.195	2.792	99.347						
7	0.046	0.653	100.000						

附录 C　因子得分系数矩阵

表 C-1　并购前一年因子得分系数矩阵

项目	成分		
	1	2	3
流动比率前	0.384	−0.117	0.176
股东权益比率前	0.292	0.169	−0.049
产权比率前	−0.243	−0.200	0.034
应收账款周转率前	−0.094	0.403	−0.022
总资产报酬率前	0.367	−0.278	−0.190
销售净利率前	−0.066	0.414	−0.040
营业收入同比增长率前	0.001	−0.053	0.940

表 C-2　并购当年因子得分系数矩阵

项目	成分		
	1	2	3
流动比率中	0.299	−0.173	0.345
股东权益比率中	0.412	−0.043	−0.022
产权比率中	−0.420	0.021	0.207
应收账款周转率中	0.160	0.114	−0.331
总资产报酬率中	−0.120	0.524	0.220
销售净利率中	−0.051	0.539	−0.144
营业收入同比增长率中	−0.076	0.109	0.613

表 C–3　并购后一年因子得分系数矩阵

项目	成分		
	1	2	3
流动比率后	0.374	−0.005	−0.304
股东权益比率后	0.218	0.227	−0.171
产权比率后	−0.224	0.548	0.116
应收账款周转率后	−0.058	0.498	−0.146
总资产报酬率后	0.386	−0.249	0.140
销售净利率后	0.279	−0.116	0.174
营业收入同比增长率后	−0.118	−0.059	0.934

附录 D　并购绩效综合得分

表 D–1　并购绩效综合得分

证券代码	证券名称	并购前一年	并购当年	并购后一年
600880.SH	博瑞传播	22.98677	17.37822	23.82182
600880.SH	博瑞传播	18.93108	23.9581	18.47608
600880.SH	博瑞传播	5.685059	0.486802	0
000719.SZ	大地传媒	24.04041	16.69652	11.06399
000607.SZ	华媒控股	16.42191	10.99937	15.95412
000719.SZ	大地传媒	−18.3308	15.7445	28.80076
601928.SH	凤凰传媒	20.95722	13.17342	30.94148
601928.SH	凤凰传媒	24.21309	11.70765	14.91167
000607.SZ	华媒控股	5.183068	19.18017	7.020608
000607.SZ	华媒控股	16.26752	23.08818	0
000793.SZ	华闻传媒	15.89638	10.15021	18.17263
000793.SZ	华闻传媒	9.270626	19.84599	19.43683

续表

证券代码	证券名称	并购前一年	并购当年	并购后一年
600551.SH	时代出版	27.70756	22.55878	17.57538
300654.SZ	世纪天鸿	15.3234	10.26021	0
601801.SH	皖新传媒	20.33235	22.2862	31.22374
601801.SH	皖新传媒	24.60544	20.31589	24.54059
603096.SH	新经典	43.79744	58.18686	25.71253
600825.SH	新华传媒	9.315231	2.474375	0.326478
600825.SH	新华传媒	7.279591	−2.17173	7.975007
600757.SH	长江传媒	17.46737	28.01756	25.00773
600757.SH	长江传媒	26.75442	21.91461	17.17834
600633.SH	浙报传媒	15.85298	18.23238	54.45526
600633.SH	浙报传媒	15.33362	45.58824	31.86692
600633.SH	浙报传媒	38.48929	27.72728	23.66823
600633.SH	浙报传媒	25.72805	22.25503	18.4489
601858.SH	中国科传	16.3907	13.17136	16.91958
601098.SH	中南传媒	23.18086	20.11942	21.89337
601098.SH	中南传媒	20.58322	20.10165	19.93117
300373.SH	中文传媒	7.759575	15.83898	17.00163
300364.SZ	中文在线	29.4105	40.16783	0